乡风文明之河南行动

——河南省农村移风易俗典型案例汇编

河南省农业农村厅
农村社会事业促进处
农村合作经济指导处

联合编著

中国农业出版社
北京

图书在版编目（CIP）数据

乡风文明之河南行动：河南省农村移风易俗典型案例汇编/河南省农业农村厅农村社会事业促进处，河南省农业农村厅农村合作经济指导处编著．—北京：中国农业出版社，2022.9

ISBN 978-7-109-30059-0

Ⅰ.①乡… Ⅱ.①河… ②河… Ⅲ.①移风易俗-工作-案例-汇编-河南 Ⅳ.①D648

中国版本图书馆CIP数据核字（2022）第176590号

中国农业出版社出版

地址：北京市朝阳区麦子店街18号楼
邮编：100125
责任编辑：周益平　　文字编辑：李海锋
版式设计：杨　婧　　责任校对：吴丽婷
印刷：北京通州皇家印刷厂
版次：2022年9月第1版
印次：2022年9月北京第1次印刷
发行：新华书店北京发行所
开本：700mm×1000mm　1/16
印张：9.75
字数：170千字
定价：38.00元

编委会名单：

主　　编：薛玉森

副 主 编：张俊杰　王超鹏　孙珠峰　周翠英
　　　　　张光辉　杨　楠　田　磊

编写人员：朱金芳　王军伟　马　珂　崔书奎
　　　　　马东民　秦　江　雒佩丽　吴　磊
　　　　　张富民　赵金金　韩逸涵　黄瑞斌
　　　　　秦本源　杨晴晴

序言

　　党的二十大报告指出，中国式现代化是物质文明和精神文明相协调的现代化。根据乡村振兴战略的总要求，产业兴旺是重点，生态宜居是关键，乡风文明是基础，治理有效是保障，生活富裕是根本。全面推进乡村振兴战略，不仅要提高物质生活水平，也要提高精神文明程度、社会道德水平。乡风文明是乡村振兴的软件，这个软件不能软。要传承优秀传统文化，发挥好先进文化引领作用，充分开展文化活动，倡导移风易俗和现代文明理念及生活方式，提升农民素质和乡风文明程度。

　　河南乡村历史悠久，我国最早的乡村就发起于距今7000年的河南。当时，人们为了开展种植养殖活动，从流动散居变成固定村落，村落的交易增多变成乡（镇），这些"种植养殖活动"最早就被称为"文化"，是人类模仿大自然，让大自然更好地服务人类"以物化文、以文化人"的行动。因此说乡村的重要职能就是传承优秀传统文化，相比城市文化融合、多元和多样，乡村文化更多是一种纯粹的文化。所以一个地区优秀的传统文化能不能够传承下去，很大的责任也在于乡村，正所谓"一地一风景、一域一风貌"。长期以来，河南的广袤乡村在生产生活中传承、创造和积累了很多优秀文化，人们行走于中原大地，总能感受到乡土文化浓郁的人文气息和乡土风情，透露出浓浓的淳厚质朴和与自然元素的高度相融。

　　为了弘扬河南乡村优秀传统文化，推进移风易俗，建设文明乡风，近年来，河南各地各部门坚持把深入推进移风易俗作为促进乡村振兴的重要内容，积极探索新路径、新方法，选树好经验、好做法，推进乡村文化建设，提振农村精气神，淳朴清朗、向上向善的文明乡风蔚然成风。然而要保护乡村文明乡风这个根脉，使宝贵的乡村文化在历史的长河中保持璀璨的光芒，增强乡村魅力，让乡村真正成为业兴人和、美丽宜居的精神家园，成为人们远离喧嚣躁动、寻求幽静清闲的向往寄托，还需要我们将散落在中原广袤乡村的优秀文明乡风加以整理、留存和传承，让更多的人们走进它、认识它、理解它、接受它。

河南省农业农村厅将全省各地移风易俗典型经验进行了系统梳理，主要有五种类型：**一是党建引领型**，加强"五星"支部建设，落实农村基层党组织的责任，以党风政风引领农村新风，充分发挥好党组织的战斗堡垒作用和农村党员干部的模范带头作用。**二是标杆引领型**，发挥法治、德治、自治的重要作用，把农民群众作为文明乡风建设的主体，树立移风易俗的典型户、示范户，建立激励机制，树立学习榜样，引导农民群众见贤思齐、比学赶超。**三是制度引领型**，制订完善村规民约、制度规范，鼓励农村基层群众性自治组织制订有关约束性措施，形成符合村民自治程序和规范的行为准则，让群众真正成为文明新风的制订者、执行者、评议者和受益者。**四是治理引领型**，强化乡村综合治理，对不赡养、虐待父母等行为加大惩处力度，让群众自我管理、自我约束、自我提高的办法涵养文明新风、破解陈规陋习。**五是风尚引领型**，立足"十里不同风，百里不同俗"的实际，因地因村因户制宜，加强文化引领、强化价值认同、注重实践养成，坚持寓教于乐、寓教于行、寓教于事，让中华传统美德和现代文明观念注入言行、滋润心灵、形成自觉。

总体上看，这些案例既系统表达了移风易俗的基本做法，又紧扣乡村发展、乡村建设、乡村治理的实践需求，有政策、有做法、有经验、有典型，对基层党组织与相关乡村从业人员的学习、培训和实践均有重要参考价值。当然，凡是涉及文化的活动，都是挑战性很强的工作，特别是乡土文化、乡风文明以及移风易俗均是覆盖范围较广的概念，对其理解历来见仁见智，加之我们水平有限、经验不足，虽然做出了很多努力，但仍有很大的提升空间。我们将在今后的工作实践、理论探索中查漏补缺、逐步深化，以期在移风易俗上形成更多的政策指引和创新成果，推动文明乡风劲吹希望田野，让乡村振兴在新时代的伟大征程上阔步前进。

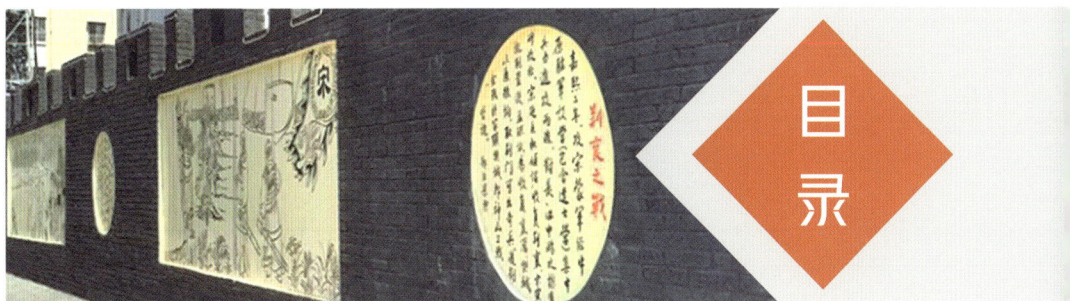

目 录

1

乡风文明之河南行动
——河南省农村移风易俗典型案例汇编

党建引领型

乡风文明之河南行动

　　俗话说"上梁不正下梁歪，中梁不正塌下来"，一个地方民风好坏，主要取决于党风政风。这一类型的移风易俗典型案例，主要做法，将党建工作与乡风建设融合，强化村级党组织在移风易俗发展中的战斗堡垒作用，特别是发挥党员干部模范带动作用，形成党组织居中心、上下左右学中心的经验做法。主要成效，由于党建引领，群众有了主心骨，"村看村、户看户、群众看干部"，党群联动、上下互动、左右促动，调动群众参与移风易俗和乡村治理的主动性和积极性，开启党建引领、干部跟进、群众参与的生动局面。

党建引领　开展以孝治家　促进乡村和谐

——虞城县城郊乡郭土楼村移风易俗典型案例

郭土楼村依托以孝治家群众行动，在党组织的领导下积极开展孝善大爱活动，有力地促进了家庭的婆媳关系、村庄的邻里关系、和谐的党群干群关系，强化了村级党组织在基层治理格局中的核心地位，调动了群众参与村庄治理和建设的主动性和积极性，开启了党建引领、以孝治家的鲜活局面。

一、发展现状

（一）基本情况

虞城县城郊乡郭土楼村位于县城东北部，距离县城2.3公里，现有人口3 158人，耕地2 958亩*，下辖郭土楼、三官庙、杨庄、杨善庙、范庄5个自然村，共11个村民组。

（二）存在问题

以前整村面貌脏、乱、差，村里有能力的年轻人基本上都出去务工或干点小生意，还有部分人在县城买了房子安了家，留守的几乎都是妇女儿童和老人。多数家庭不和睦，打公骂婆、邻里不和的事情时有发生，加上人心涣散，见利忘义，毫无团结意识，大多数人的思想都是为己之心，失去了传统的孝善美德、团结互助的思想基石。村干部天天是处理不完的家庭和邻里之间鸡毛蒜皮的小事，没有时间带领村民搞经济谋发展。

---

* 亩为非法定计量单位，1亩＝1/15公顷。——编者注

二、主要做法

（一）发挥党组织战斗堡垒和党员先锋模范作用

村支部书记杨新文以及村两委班子成员深知要想带领村民走向和谐健康的发展之路，只有改变现存的不良风气，人人尊老爱幼，家家和睦相处，户户互帮互助，才能形成一个团结的群体，为村庄发展经济，带领村民脱贫致富打下好的基础。常言道"邻里团结一条心，黄土也能变成金"。打铁还得自身硬，要想改变现实的不良风气，还得从干部党员自身做起，为此杨新文书记号召本村全体党员干部充分发挥党员的模范带头作用，要求每一个党员和干部要以身作则带头学习孝善文化，在家多行孝道，出门多结善缘。每逢重大节日各村干部组织村里的年轻人集体慰问特困人员和孤寡老人。慢慢养成团结互助、乐于助人的良好民风，以此拉近干群关系，改变不良风气。

（二）党组织引领开展以孝治家行动改变不良民风

2008年汶川大地震发动群众自愿捐款抗震救灾，郭土楼村初次成立村民慈善协会，村里的年轻人自愿捐资，为村里特困人员送温暖，帮助特困家庭共渡难关。每逢年底，组织村民代表评选出"好媳妇""好婆婆""五好家庭"以及"最美家乡人"，通过开展迎新春文艺演出表彰活动，起到了很好的带动作用，村里的不良风气明显大有转变，家庭矛盾、邻里纠纷的事情也慢慢地少了很多。自开展学习孝善文化以来，村民素质虽然有所提高，但是如何才能使孝善行动落实到每一位村民的身上，践行到每一个人的行动中来，如何进一步把孝善之风发扬光大，让更多的人都能尽孝行善。村民杨成杰先生引荐了"以孝治家"这个群众组织。以孝治家主要目的就是在全村党员干部的带领下引领年轻的义工和村民自发行动起来，本着"天下老人皆父母、人间幼小尽子孙"大爱善行，首先把村里的老人照顾好，让每一位老人都能有满满的幸福感，其次就是把村里的孩子教育好，让每一个孩子从小都有一颗感恩的心。将更多人的孝善之心和大爱之心激发出来，紧跟基层党组织的步伐，形成一股和谐相处、团结互助的群众力量。

（三）三支队伍密切配合实施三个项目服务群众

按照"以孝治家"的思路，成立了三支队伍，即基层党组织队伍、义工队伍、慈善企业家队伍。落地实施了三个项目即"以孝治家"健康家园、"以孝治家"乡村书院和"以孝治家"大食堂。**"以孝治家"健康家园**给村民的健康带来了很大的帮助，健康的身体才是村民幸福生活的保障。此项目由企业家队伍组长杨成杰带人每个星期定时到"以孝治家"健康家园给村民免费看病，根据每个人的不同情况，采用中医食疗开方子治病，得到了村民的一致好评。**"以孝治家"乡村书院**结合"种太阳、好妈妈、强儿童"项目的实施，使村中很多儿童有了不同程度的转变。这个项目是由企业家队伍杨凡董事长派遣义工老师在"以孝治家"乡村书院里每星期六下午给孩子们上传统教育课，教孩子们学习《弟子规》《三字经》等国学传统文化，让孩子们从小就知道感恩父母，做一个遵守孝道、德才兼备的好孩子，此项行动既能让孩子们更进一步了解国学传统文化，又能培养孩子们从小有一颗感恩的心，懂得今天的幸福生活来之不易，长大后要做一个对国家对社会有用的人。**"以孝治家"大食堂**更是让村里的老人感受到大家庭的温暖和大爱。每个星期一至星期四的中午村里80岁以上的老人在大食堂免费用餐，每星期五70岁以上的老人在大食堂免费聚餐。费用由村里年轻人自愿捐助。老人们在大食堂里一块儿看看电影、唠唠家常，老人们的幸福感得到了很大的提升，同时村里年轻人的孝亲敬老之心也得到发扬光大。村里老人逢人就夸，"以孝治家"就是好。

三、取得的成效

（一）村民素质较大提升

在党组织引领下开展"以孝治家"活动，村民素质发生了很大的变化，有更多村民自愿加入"以孝治家"的队伍中来，现在该村义工队伍已经超过了200多人。

（二）村民义工大量增加

在村党组织的带领下，义工们经常帮村里老年人打扫卫生、参加村集体义务劳动，前往仓颉墓地清理杂草，助力县城爱心晚餐，给清洁工人免费提供晚餐等公益活动，得到了全村村民和周边乡邻的一致赞扬。尤其是2018年抗击洪涝灾害更凸显村里党员心系群众的无私奉献和无我忘我的大爱精神。

2018年8月，一场几十年罕见的大雨连续下了一天一夜，整个村庄浸泡在了过膝的雨水中，大部分房屋被淹。解除群众的安危就是党员干部和年轻义工们的使命，在党员的带领下，年轻的村民义工投身于瓢泼的大雨中，帮助村民排水、转移村民到安全地带……还有2021年新冠疫情防控的关键时期，年轻的村民义工们在党员干部的带领下除了坚守疫情防控各村口卡点以外，还主动为疫情防控捐款捐资，共计自愿捐款84 500元，作为防控疫情的后备奖金。并购买消毒液、酒精等物品，义务每天为全村消毒，为村民熬制汤药每天送到每一位村民的家门口。武汉抗疫期间，全村党员为武汉抗疫捐款20 722元，村级党员捐款数额居郑州市第一，充分彰显出了全村党员干部群众的凝聚力和向心力。

2016年以来，郭土楼村先后被评为省级卫生村、市级文明村、最美生态村、河南省旅游扶贫示范户、河南省乡村旅游特色村、"以孝治家"全国示范基地和践行"以孝治家"战略部署先进集体。这就是在党组织的引领下曾经一个脏乱差的贫困村到荣获诸多荣誉称号先进村的华丽蝶变。相信在基层党组织的带领下，郭土楼村一定会不负众望，越来越好。

党建引领 名人立榜 美丽乡村更文明

——永城市薛湖镇张大庄村移风易俗典型案例

张大庄村总人口1519人，党员32名，村两委干部6人，5个自然村、5个村民组，2600亩耕地，全域面积2.3平方公里，下辖一个集体经济组织，每年有20多万元的集体收入，经济积累达70多万元。地处薛湖镇政府东北5公里处，在芒山5A级景区南3公里，距离高速公路出口2公里，德上高速、省道穿境而过，王引河、郭沟两河流在村内交汇。乡道、村道连接完整，道路革命户户通工程全面完成，厕所革命水冲式厕所全覆盖，人居环境不断改善。正当全村如火如荼地开展乡村振兴，提升美丽家园的同时，以"党建主题公园"命名的精神文明新家园，在薛湖镇党委、政府的大力支持下，在2020年的春天矗立在张大庄群众的身边，被人们称为"红色教育基地"。

一、产生背景

张大庄村第五任支部书记窦广彦，1986年任村支书至今，30多年坚守初心成绩突出，连续多年被永城市委授予"优秀党员""十佳优秀党员""功勋村书记""永城最美村官""最美永城人""市劳动模范"，被商丘市委、商丘军分区授予"十佳优秀退伍军人返乡创业带头人"，被河南省委授予"优秀共产党员"，被河南省政府残联授予"扶贫助残先进个人"，当选省第十次党代会代表。

张大庄村党支部曾多次被永城市委评为"五个好党支部""先进基层党组织""红旗村党支部""市文明村""省级卫生村""省级生态村""省级党建示范村"。

张大庄村群众勤劳善良、淳厚朴实、邻里和谐、民风文明，实现了34年零上访，这都得益于多年来开展的文明村创建、争做文明人活动。因此，为了保持这一优秀的民风传统，镇党委、镇政府于2019年的秋天决定，在张大庄村建立红色教育基地，以"党建主题公园"命名。不忘初心、牢记使命，打造美丽乡村，建设精神文明新家园，让人们过上幸福、美好的新生活。

二、主要做法

张大庄村红色教育基地分为两部分：一是党建服务中心，包括红色展厅、明星闪耀、五任党支部、人才储备、图书室、阅览室、会议室、文体室、诗社、文化活动广场等一应俱全。二是党建主题公园，包括党的光辉历程、党员墙、榜样墙、红色精神、奉献友爱、互助进步、文明创建《三字经》、村规民约《四字经》、废塘治理后的"经济塘"等等，还有花草树木、"平语近人"走廊，漫步其中，不仅可以学习红色传统文化，更能欣赏绿意盎然的乡村美景。具体做法和成效体现在以下几点：

（一）名人立榜

为了更好地践行"不忘初心、牢记使命"主题教育，传承红色基因，弘扬优秀传统，薛湖镇编辑《薛湖在外工作名人录》，他们不仅为振兴永城，而且为河南乃至国家的经济建设都做出了杰出的贡献。他们中有叱咤政坛的人物，有驰骋沙场的将军，有挥洒文坛的诗人、作家，有杰出贡献的专家、学者……他们的事迹被制作成版面安置在"红色展厅"中，一张张名人的照片，标配一段段励志的生平简历，让党员干部群众学有榜样、赶有目标，为全镇党员干部提供一个学习、工作、生活的互动平台。

（二）党员示范

开展党员联系户、文明联邦户，实现互助互兴双积分管理。学习互助兴思想，生产互助兴产业，乡风互助兴文明、邻里互助兴和谐、绿色互助兴家园。实事求是的"因村制宜、因人制宜"的原则引导干部党员能人、乡贤五老等，通过一名党员结十户，十户村民联帮带的模式，全村32名党员结对子320户村民联帮户实现互助全覆盖。充分发挥党员的先锋模范作用和党支部的战斗堡垒作用，狠抓精神文明和生态文明建设，推行了文明联帮户积分管理。几年来共发放"创建文明倡议书""新寄语"和"承诺书"各500份，并收到"创建文明申请书"和"创建文明承诺书"各410份，召开村民大会11

次，得到了全体村民的响应。

落实双积分管理制度，实行党员积分管理好处颇多。在全村党员中开展了"我是党员怎么做？每个党员联系10户村民是干什么？能起到什么作用？"的大讨论。老党员蒋潮水同志说，就是帮助他们学做好人好事；张振民说，党员就像火车头带着十户不掉队；李耀廷同志说，是党员发挥先锋模范作用的最好体现等等。32名党员联系320户，占全村410户的87%，被联系的320户村民中无一人违法乱纪。他们还协助党员开展工作，为党员评议、星级管理、文明户评选提供了依据。党员和群众对党员星级评议积分管理的结果表示认可，从而提高群众思想觉悟、道德品质，你帮我、我帮你、邻里团结、村民和谐，刹歪风、树正气，吸收正能量、传播正能量，让社会和谐，让人民安居乐业。

（三）义务先锋队

在张大庄村活跃着一支为人民服务的先锋队。没有官衔、没有俸禄、甘于奉献的义务队，他们就是坚守在农村最一线的村组长，几十年如一日，默默无闻地服务群众。各种义务劳动中，他们奉献着智慧和力量，深受百姓们的拥戴。他们秉持着一颗公心，认真落实党的各项政策，如贫困户、低保户、五保户的救济等。严于律己、公开透明、大公无私，第一时间宣传党的声音、党的政策，深入到户，化解各类矛盾。他们坚持以德感人，预防矛盾；以理服人，化解矛盾；以法管人，处理矛盾；大事化小，小事化了，实现了张大庄村连续30多年零上访，有力地保障了社会稳定。他们对各项工作一丝不苟，认真落实，每年的秸秆禁烧轮流值班，严防死守；在厕所革命工作中出主意，想办法，顺利完成众筹共建；在道路革命工作中为了百姓的利益组织大家捐款出资，夜以继日地拼命加班，在短短10天内完成了全村4281米户户通工程。他们为了村民增收，壮大集体经济组织，实施土地流转1500多亩。他们义务安装路灯、义务环境整治、义务打更巡逻、义务抗洪抢险保家园……他们的无私奉献，带出了一个风清气正、文明和谐、安定团结、美丽富裕的张大庄。

（四）优秀典型评选

张大庄村每年开展优秀典型评选活动，评选文明家庭、好媳妇、好婆婆、美德少年、诚信模范、道德模范等先进典型，他们的事迹影响着周边的群众，心向真善美。

（五）重视教育

村编《劝学三字经》，激励着张大庄村莘莘学子。几十年来，张大庄村的学子们相互激动着勤奋学习。村集体出资15万元，对全村考上本科学历以上的大学生76人进行奖励和资助。

（六）创新文明养老金奖励机制

养老保险金完善了老龄人的基本生活保障，贫困户、低保户、残疾人补助金完善了兜底保障。而张大庄村文明养老金奖励机制主要解决了按劳分配的空缺，让全村人人参与，为自己的养老金增分，凡60岁以上的人员多领一份由村集体经济奖励的文明养老金。根据积分多少动态调理，改变"干与不干一个样、干孬干好一个样"的不良局面，文明养老金的实施是当前开启农村一切工作的金钥匙。

三、下一步打算

第一期是以"党建主题公园"辐射整个张大庄村。第二期是把5个自然庄全部按"四美乡村"的标准打造、所有农户按"五美庭院"标准打造。村集体经济再上一个台阶。对王引河、郭沟两个河道进行再治理，平整坑凹，搞好绿化，随河流形成一个风景带。两条河流四季流水不断，河内养鱼，河边种垂柳、红梅，红梅加工红梅酒。治理后的河道既可观赏，又可提高经济收入。

张大庄村不仅是"红色教育基地"，更是周边群众向往的地方，以诗友的诗词作品《印象张大庄》为证：党旗飘荡菜花黄，靓丽乡村换盛装。创建文明齐努力，推崇良善共扶帮。孝亲爱幼家和睦，济困脱贫户富强。遵纪履约维稳定，幸福美满万年长。

探索"党建+三治"基层善治之路

——城乡一体化示范区杏花营农场
班村移风易俗典型案例

班村以自治为基础、以法治为根本、以德治为引领，探索党组织领导、社会协同、群众参与、法治保障、科技支撑的"党建+三治"乡村社会治理之路，吸引越来越多的人自发加入治理队伍，构建起自治、法治、德治相结合的基层善治新格局。

一、基本情况

班村隶属于河南省开封市城乡一体化示范区杏花营农场。班村属于移民安置村庄，于2000年6月由三门峡市渑池县南村乡班村原籍迁安至此。近年来，班村坚持以党建树导向、以自治增活力、以法治强保障、以德治扬正气，逐步构建起"党建+三治"相结合的基层善治新格局。

二、发展成效

班村积极探索党组织领导、社会协同、群众参与、法治保障、科技支撑的"党建+三治"乡村社会治理之路，吸引越来越多的人自发参与治理，构建起自治、法治、德治相结合的基层善治新格局。目前，班村基层党建领导有力、民事民管制度健全、法治理念深入人心、文化道德形成新风。

班村乡风文明建设的经验与做法被河南省第一批"文明乡风建设"典型案例收录，曾荣获全国民主法治示范村、第二批全国乡村治理示范村、省级生态村、市级生态村、区级农村建设示范村、文明卫生村、新农村建设先进村、精神文明建设先进村、"文明新风"红旗社区等多项荣誉。

三、成功经验

（一）以党建树导向，党组织领导乡村治理

村党组织班子团结、工作规范，严格落实村级"四议两公开"工作制度，凡是涉及重大事项，都必须上会研究，充分征求意见，以公开透明促公平公正，让群众信得过。认真执行《党员量化积分考核管理办法》，把全村党员编员进组，定岗位、定责任、定奖惩，结合"5+N"主题党日活动进行总结讲评。在全村开展"共产党员户挂牌""党员责任卫生区挂牌""党员志愿者服务"等活动，引导党员发挥先锋模范作用，树立党员干部在群众中的良好形象，让党员干部成为群众有困难时想得起、找得到、靠得住的力量。

（二）以自治增活力，村民广泛参与村庄治理

坚持民事民议、民办、民管，村民自治制度健全、议事形式丰富，村务监督机构普遍建立并依法参与监督，明确议事规则，采取民主协商、民主表决的方式进行村务监督，实行村账乡管、组账村管的模式，村的账目即由乡三资办管理，督促村及时下账，强化日常管理和指导，每月召开村监委会主任会议，乡里对村的重点、难点工作进行指导，同时结合例会开展常态化培训；通过健全完善议事、管理等制度，加强自治组织建设，成立村民理事会、道德评议会、禁赌禁毒会、红白理事会、乡贤理事会等自治组织，进一步激发了村民的"主人翁"意识；将新技术赋能基层社会治理，依托市域"一中心四平台"实现网格化管理，充分发挥村网格员人熟、地熟、情况熟的优势，建立起"横向到边、纵向到底、不留盲区"的工作格局，村网络员成为一支不可或缺的基层自治力量，村域实现了监控设施全覆盖，矛盾调处机制进一步健全，形成全民参与共建共治共享的格局。推进民事民议、民办、民管，村里矛盾少了，活力多了，有效抵制了黑恶势力、封建迷信活动和不良社会风气，无重大治安刑事案件、无越级上访和非法宗教等活动。

（三）以法治强保障，法治理念深入人心

经常开展群众性法律法规宣传活动，积极开展法治文化阵地建设和法治文化活动，努力营造乡村群众尊法、学法、守法、用法的浓厚氛围，多次邀请市、区、乡司法部门来班村开展法治文化教育活动，群众反映强烈，效果

明显；积极为村民提供便捷的法律基本服务，深入开展农村基层综合治理，村两委、乡贤等积极参与乡村建设和治理，带头尊法学法守法用法，吸引越来越多的人自发加入志愿服务队伍；以公共法律服务体系为依托，发挥村法律顾问在基层矛盾纠纷调解工作中的职能作用，当好维护社会稳定的"好帮手"，在彩礼退还、交通赔偿、民间借贷等易产生矛盾的领域，营造自觉守法、遇事找法、办事依法、解决问题用法、化解矛盾靠法的法治环境，引导农民以合法方式和途径表达自身利益诉求；建设法治文化主题长廊及法治文化宣传栏等宣传阵地，村内法制书屋向民众全面开放，让村民们在休闲放松的同时接受法制教育，在潜移默化中提升法治素养，村两委积极出面化解矛盾纠纷，每月结合村民代表大会进行法制教育，做到"小事不出村、大事不出乡"，引导乡村群众养成自觉学法、遇事找法、化解矛盾靠法的良好风尚。

（四）以德治扬正气，文化道德形成新风

班村充分挖掘在农耕文化中蕴含的优秀思想观念、人文精神、道德规范，坚持"以史铸魂""以文谋业""以宴聚心""以约为据"，发挥农耕文化凝聚人心、教化群众、淳化民风的作用。一是"以史铸魂"烙印文化符号。移民搬迁后的新班村两委研究决定继续沿用原村名，成立《班村志》编纂委员会编纂《班村志》，设章、节、目三个层次，采用记述体，述、记、志、传、图、表、录并用，以志为主的编纂体例，全面真实地记述班村渊源、自然环境、人口构成、农业、渔业、党政社团、文化教育卫生、村民生活、传统民俗、方言、人物等方面的历史与现状。二是"以文谋业"打造方志产业。班村近年来精心打造建筑面积3 000余平方米的"中国方志文化产业园"，产业园内设编辑部、设计室、印务公司、文创研发中心、会展中心，收集全国各省市县（区）的方志书籍近20万册，重点开展国学经典诵读、方志交流培训、图书交换、艺术创作等业务，成功举办首届方志文化节和大型书画笔会暨展销会。三是"以宴聚心"坚持文化融入。每逢农历腊八、端午、中秋等传统节日村内开展的"百家宴"是班村传统文化的独特表现形式。"百家宴"期间家家户户自愿出菜品、男女老少自愿来帮忙，从百家宴开始到结束，连续五六天都在忙碌。通过此类文化活动搭建起一个交流互动的平台，让"大家庭、大邻里、大和谐"的发展理念贯彻到每一个人，进一步提升村民的认同感、归属感，逐渐形成共建共享的社会氛围。四是"以约为据"引导教化

群众。班村党员干部带头形成"不办无事酒席，俭办红白喜事"的良好风气。班村两委研究制定了村规民约，统一规定办事标准，设立红白喜事专用场地，厨房、灶具、餐具配套设施完备，实现村内每一件事都在专用场地组织，在接受大家监督的同时，避免了场地重复设置造成的资源浪费。办事前两天下午，主事人邀请村两委干部商定"相逢单"及烟酒用品品牌，"相逢单"内容包括总管、大厨、副厨、招客、洗菜、切菜、分菜、端盘、洗碗、烧火等人选，并用毛笔在红或白纸上书写，公示在集体办事专用场地门口，大家自觉按照"相逢单"执行，进一步约束群众行为。

班村还大力实施人居环境整治。实施墙体改造、规范墙体布局；对全村主干道铺油硬化，铺设路边石、花池、护栏；主干道两侧绿化，铺设步行彩砖；对街景进行全面提升；按照"户清扫、组保洁、村收集、镇转运、县处理"的垃圾清运处理机制，实现垃圾"定点收集、定时清运、妥善处理"。

美丽街景

2021年5月27日，开封班村村委联合金华学校在和合书院举行了
"国学经典诵读工程启动仪式"及读书分享交流活动

　　和合书院于2020年7月18日正式投入运营，中国地方志办公室、国家方志馆、河南省地方史志办公室、开封市政府和全国几十家省市县方志办公室，以及开封老艺术家协会等相继入住

百家宴——腊八粥

班村红白理事会

红色党建引领乡村文明建设　移风易俗助推乡村振兴

——南召县城郊乡东庄村移风易俗典型案例

东庄村位于县城城郊乡东部，距城郊乡人民政府6公里，是一个普通的小山村。自2015年7月开始，中共中央党史和文献研究院定点帮扶东庄村，持续选派驻村第一书记，持续进行产业帮扶，已经进入第7个年头、第4任第一书记。东庄村于2018年实现整村退出贫困村序列。经过多年发展和帮扶，东庄村现有各类香菇大棚54座、菌种生产中心1座、电商服务中心1座、发电总量共计600千瓦时的2座新型光伏发电站、蚕业合作社1座、童装制衣扶贫车间1座等，初步形成了以食用菌产业为中心、多种产业并行发展的产业格局，2020年村集体收入达20万元。

东庄村始终坚持物质文明和精神文明一起抓，统筹协调发展。在进行产业结构调整、发展经济的同时，通过红色党建引领乡村文明建设，不断优化人居环境，移风易俗助推乡村振兴，全村呈现出了社会治安稳定、村民遵纪守法、百姓安居乐业的良好局面。

在具体工作中，重点突出红色党建引领、网格化管理、本村文化教育振兴"三大法宝"，移风易俗工作开展有声有色，富有成效。

一、红色党建引领：聚人心

中央单位开展定点扶贫工作，联系到县，帮扶到村到户，是中国特色扶贫开发事业的重要组成部分和鲜明特点。东庄村在中共中央党史和文献研究院定点帮扶下，驻村第一书记和村两委积极利用红色党建资源，引领乡风文明建设。目前，东庄村两委班子共4人，党员44人，村民代表26人。帮扶单位有中共中央党史和文献研究院以及中共南召县委机关事务中心。城郊乡人民政府乡长李东阳同志为包村干部，并担任东庄村巩固拓展脱贫攻坚成果同乡村振兴有效衔接责任组组长。

2021年7月1日，组织开展庆祝建党100周年联合党日活动

红色党建引领产业振兴是农村移风易俗工作的固本之举。东庄村两委班子始终坚持党建引领各项工作，充分发挥党组织在产业发展中的聚合、辐射、引领、支撑作用，通过联合党支部树标杆、强技能，筑牢产业发展组织保障，激励广大党员积极参与农村经济建设、环境整治、公共服务等各个方面，争当致富带头人，助力乡村振兴。在党支部带领下，创新食用菌种植模式，设计了村企校（东庄村、三辰菇业有限公司、黄淮学院）三方联合的食用菌种植模式。项目过程中，驻村第一书记、驻村工作队、村两委班子多次组织菇农等召开会议总结经验和查找问题，并不断改进监督管理方式，多次组织召开群众大会，宣传项目政策，选拔有种植意愿、能吃苦耐劳的脱贫户作为生产示范户。带动了全村勤劳致富、劳动光荣的风气，"扶贫先扶志、勤劳换来好日子"的想法在村干部和村民心中生根发芽。

红色党史学习教育活动奠定乡风文明的底色。基于中央党史和文献研究院定点帮扶及派驻第一书记的"先天"优势，东庄村党支部定期组织并创新政治理论学习方式，通过讲课、集中分享、观看文艺作品、联合共建等方式组织党员群众定期学习党史、中央重要会议及领导人重要讲话精神，取得良好效果。通过视频会议形式，与中央部委厅局级党小组联合开展"回望全面小康，开创美好未来"联学联建党日活动。通过全域党建，联合邻村党支部开展"东庄·北沟庆祝中国共产党成立100周年"联合党日活动。积极加入城郊乡电商产业联合党支部，推广我村"召东庄"电商品牌和产品。自党史学习教育以来，东庄村坚决落实上级党委有关党史学习教育各项工作指示，扎实开展形式多样的学习教育活动。除定期组织集体学习、个人学习外，通过联学联建党日活动，组织党员干部群众到河南省党的革命精神产生地进行实地学习考察，已经考察学习了兰考焦裕禄精神、林州红旗渠精神等。此外，还利用专项经费定期开展对困难党员的慰问，在2021年"七·一"开展对全体60岁以上党员的慰问。邀请中央研究院挂职专家讲授党课、与在村单位开展联学共建活动等，以各种方式推动党史学习教育，为民办事服务走深走实。

打造"召东庄"电商品牌

二、网格化管理：知人心

网格化管理是乡风文明建设的有力法宝。网格化管理是打通服务群众"最后一公里"的有效手段，是党和政府与村民直接接触的"神经末梢"。东庄村现有19个网格，乡长为包村领导，村支书为总网格长，第一书记为网格指导员，网格长在全村党员干部中选拔任命。

村委坚持和发展新时代"枫桥经验"，充分发挥网格化管理优势，进一步建强网格体系，健全"行政村党组织——网格（村民小组）党支部（党小组）——党员联系户"的村党组织体系，驻村第一书记要带头分包联系户。带领全村网格员落实好政策宣传员、信息采集员、人民调解员、安全处突员、矛盾化解员"五大员"职责，开展党员"亮身份、当先锋、树形象"志愿服务等活动，形成"村看村，户看户，群众看干部"风尚，让每位党员干部找到位置、当好示范带头人。通过网格化管理，全村切实做好疫情防控、信访维稳、隐患排查、安全管理、治安防范、矛盾化解、舆情监控等工作，将各类苗头性、倾向性问题隐患化解在早、解决在小，努力做到矛盾不上交、平安不出事、服务不缺位。

入户走访听民声

基层网格员收集"微动态"，开展"微服务"。在疫情防控工作中，网格员肩负防疫政策宣传、外出人员信息登记、返乡人员排查登记、重点人群管控监测、落实"五包一"管控、村口设岗执勤等职责。他们逐户细致排查，发现市外入召返召人员，第一时间上报镇疫情防控指挥部，落实相应管控措施，确保村民黄码安全转绿码，全村无疫。在今年全村两次全员核酸检测工作中，仅用2天就完成了全村村民的核酸检测预登记工作，仅用不超过4个小时就完成了全村全员核酸检测工作，高质高效完成核酸检测任务。充分发挥了党组织和党员的先锋模范作用，有力提升了网格化管理防控力，让党旗在"战疫"一线高高飘扬。

东庄村建立了以退休老干部、老党员、老组长等"二老"的为民调解服务队伍，利用与矛盾双方当事人平等的身份沟通斡旋，化解棘手矛盾，调处邻里纠纷，全面排查矛盾纠纷，全力化解问题隐患，将问题吸附在网格内，做到小事不出村、大事不出乡、矛盾不上交，有力地维护农村社会稳定。引导村民自觉参与到乡风文明建设行动中来，推动各项工作落实。

三、村文化振兴：暖人心

东庄村始终注重调动群众脱贫致富的内生动力，采取多种方式发展本村文化教育事业，推动文化和人才振兴。

在中央党史和文献研究院专项帮扶资金5万元支持下，经驻村第一书记和村两委集体商议，东庄村以打造"南召县特色乡村书屋典范"为目标，经过精心筛选设计方案，充分利用闲置空间，将村党群服务中心二楼闲置办公室改造成一座装修风格现代、布局精巧的农家书屋。书屋于2020年7月建成并投入使用，在中央党史和文献研究院大力支持下，中研院下属中央文献出版社和中央编译出版社为图书室捐赠了各类红色读物、汉译名著共计2 300多册。

书屋日常

针对一些图书的阅读人群特点，东庄村主动联系县委党校等单位开展图书置换活动，将共计600多册红色图书置换为适宜村民及儿童阅读的图书。目前图书室总藏书6 000余册，总价值约20万元。为保证图书室的日常管理，东庄村首创"学生志愿者"管理办法，招募村里假期在家的大学生（中学生）作为志愿者协助图书馆的日常工作，并制定图书室读者须知和借阅规章制度。这种方式取得了良好效果，获得图书室读者们的一致认可。东庄村书屋目前已是村里假期人气场所，并获得社会广泛关注，成为村文化活动平台、县妇联等指定"儿童之家"活动点。2021年10月，东庄村书屋获得了"河南省示范农家书屋"的荣誉，全省仅有46所农家书屋获此殊荣。

2021年助学奖优座谈会

此外，为树立重教育、重知识的导向，东庄村连续多年对准大学生进行奖助，并连续两年组织召开助学奖优座谈会，对19名东庄村、北沟村考录本科、专科及硕士的学生发放2万余元助学金，并邀请学生及家长代表畅谈感想，提出寄语。助学奖优座谈会在乡、村群众中反响热烈，获得有关部门和领导的肯定，带动了文化、人才振兴氛围。驻村第一书记、工作队与村组干部也通过联系"一对一"资助、定期走访等方式慰问村困难学生，建立高校学生微信群，在群内转发村工作简报及活动信息，让在外学习的优秀年轻人始终了解村内的动态发展、保持与村里的联系，争取未来能够让他们有机会为村里事业发展提供助力。

党建引领添活力　移风易俗促发展
——荥阳市乔楼镇聂楼村移风易俗典型案例

聂楼村位于荥阳市南部，乔楼镇、陇海路与塔山路交汇处，辖区内有丁店、聂楼、石佛堂3个自然村，14个村民组，827户，总人口3 250多口人，党员75人，全村总面积为2.4平方公里，耕地面积为5 000余亩，曾先后获得河南省文明村、河南省卫生村、河南省党员教育培训基地、郑州市美丽乡村示范点、荥阳市五星级党支部、荥阳市移风易俗示范村。近年来村两委紧紧抓住党建引领、民风建设、环境整治、文化惠民、乡村振兴重点，营造了经济兴、百姓富、生态美、社会稳、风气正的良好态势。

一、党建引领，组织带动发展

村党支部坚持党建引领促发展，争做先锋创辉煌的工作思想。充分发挥基层党组织战斗堡垒作用。村党支部要求每项工作年初有安排、年终有总结，平时有落实有评比，把好事办好，把实事办实，让群众看得见、摸得着。一是抓阵地建设建立党群服务中心、党史馆、村史馆、党员活动室、新时代文明实践站、红色网络家园。二是打造1 500平方米的党建文化宣传长廊供党员学习。三是抓队伍建设，严格党内政治生活，认真执行三会一课。实施党员积分量化管理制度，开展"创先争优"活动，党员干部自觉发挥先锋引领作用，有效地促进了各项工作的扎实开展。

二、敦风厉俗，推进乡风民风建设

以十星级文明户，文明家庭和孝贤文化为载体培育新型农民，优良家风，文明乡风，先进典型引领，形成了学习好人，崇尚好人，争当好人的良好风尚，使得更多的好人在行动，更多的好事在身边，乡风民风更加文明。

一是充分发挥"星级文明户"的带动作用。近年来持续深入开展十星级文明户，文明家庭、好媳妇、好公婆、好青年等创评活动，评选由农户自评，群众互评，张榜公示，村道德评议会审定，二次张榜公示，接受群众监督，授牌表彰。

二是充分发挥乡贤文化的熏陶作用。我们注重建设有乡土味道的文明乡村，挖掘出乡村美德，提炼乡村文化精神，挖掘出了石佛堂禁赌碑，现存我村党建公园，警示后人要遵纪守法，支部书记自编三句半《家乡美》，小品《争创五好家庭》《老人的选择》，在端午节、九九重阳节和春节等文艺晚会上演出，通过讲好家风故事，传播治家格言等方式的大力宣传，使全村广大群众的乡风民风有了跨越式的转变，如：我村青年大学生苏莹莹2019年身患癌症，聂晨晨2020年出了车祸，广大党员自发举行献爱心募捐活动，全村村民伸出了援助之手，彰显大爱无疆。

三是充分运用"一约五会"进行规范约束。建立完善村规民约，把移风易俗纳入村规民约。2019年3月聂楼村制定了《关于推进移风易俗操办婚丧嫁娶实施办法》细则。规定喜事新办，白事简办。在待客上不准超过20桌，每桌标准为280元；规定一桌12道菜，6荤6素；用烟一盒不超过10元，用酒一瓶不超过2瓶（50元以下）；车辆控制在6辆以下。提倡集体婚礼和旅游结婚；白事不办酒席，来宾亲属、帮忙人员全吃大锅菜，播放哀乐，取消吹鼓手和演出团体，实施胸戴白花，文明治丧。达到以上要求的，村理事会提供场地，提供水电、餐具并组织村锣鼓队义务到场演出活跃气氛，同时村支部书记、村理事会成员到场并主持仪式。为此村委投资30万元承建移风易俗餐厅，专为广大群众办理红白事使用。移风易俗餐厅开办以来，生意红火，顺应了民意。红事新办，白事简办，有效遏制了薄养厚葬、夫妻失和、婆媳矛盾、攀比之风等陈规陋习。

三、凝心聚力，营造美丽宜居环境

秉承"绿水青山就是金山银山"的发展理念，打造优美宜居的生活环境，既着眼于提"质"，让村庄有一个更洁、更美的环境，又着眼于提"神"，把广大农民群众的精气神提振起来，激励他们建设家乡的热情，努力让其住上好房子、享受好环境、养成好习惯、形成好风气，让群众真正在精神文明建设中得到实惠。

一是全民行动打造美丽风景线。全民行动，融入文明村创建、环境卫生治理、大气污染专项治理等过程中，强力推进"蓝天、碧水、乡村清洁"三大工程，全民参与、全力以赴。组织全村开展"农村家园清洁行动"，加快聂楼村"美丽蝶变"。村委在基础设施、文化广场、宣传氛围、人居环境等方面投入资金达300多万元。全方位开展"四清"（清垃圾、清杂物、清残根断壁、清楼院）、"四化"（绿化、亮化、美化、净化）环境整治，全面清除楼院、楼道、公共场所、道路两侧的杂草、杂物；全面整治乱扔、乱倒、乱贴、乱摆放、乱停靠行为；组织清运人员300人次，组织清运车200台次，清理生活和建筑垃圾，清理乱贴乱画、小广告，清理公路两侧垃圾2万平方米，行动线路之长、清理范围之广、参与群众之多、整治效果之好，为近年各项活动当中少有。村采用了"户分类、村收集、乡转运、市处理"的垃圾处理模式，保证了村容村貌的干净、整洁。

二是志愿服务筑起文明风景墙。大力弘扬志愿服务理念感召更多的人参与志愿服务，推进志愿服务活动常态化。建立了"文明使者"志愿服务站、成立了党员志愿服务队、移风易俗志愿服务队、"绿城妈妈"志愿服务队，把志愿服务做到村里的各个角落，人们在耳濡目染、潜移默化中受到感召，推动形成崇德向善的社会风尚，每年开展志愿服务活动260多次，惠及群众近两千多人，促进了志愿服务活动的蓬勃开展。

三是加大投入推进局部片区打造。投资400余万元把荒芜多年、垃圾堆积成山的空地，打造成民宿风情乐园。为解决群众出行便利，投资70万元承建新能源充电站。投资20万元把一片污水坑建成党建主题公园，打造宣传阵地和营造宣传氛围。

通过移风易俗乡风文明建设的开展，几年来该村实现了零信访案件，零黄赌毒事件，零刑事案件，零强装强卸事件，零不孝老敬老事件，聂楼村呈现出一片欢乐祥和的新气象。

弘扬文明风尚　助力乡村振兴

——陕州区原店镇郭家村移风易俗典型案例

郭家村位于陕州区政府西南2公里处，下辖9个村民组，503户，1 690口人，耕地1 900亩，其中退耕还林1 500亩。2021年村民人均纯收入1.2万元。近年来，郭家村先后被上级部门授予全国先进基层党组织、国家级文明村、河南省清洁家园行动先进单位、河南省先进基层党校、河南省远程教育示范站点、三门峡市和谐社会建设先进单位、三门峡市新农村建设先进单位、三门峡市市级卫生村等荣誉称号。

近年来，郭家村以乡风文明建设为核心，以文明城市创建为契机，按照"产业兴旺、生态宜居、乡风文明、治理有效、生活富裕"的总要求，以聚焦理论讲政策、聚焦德治树乡风、聚焦生态美环境、聚焦活动兴文化、聚焦榜样明导向"五聚焦"为主要内容，重点围绕党建创新、精神文明、人居环境提升、移风易俗改革等重点工作，积极开展文明实践活动，取得了明显成效。

一、以党建为统领，创新机制走在前

我们始终以创建"五星"支部为目标，以党员联户、党员活动日、党员积分管理、党史学习教育等活动作为推进党组织建设的有效抓手，把活动内容有机结合到实际活动当中，有效增强了党员为民服务意识。**一是强化建章立制**。建立了"一约五会"制度。组织基层党员群众修订完善了村规民约，大力推进移风易俗，改变农村传统落后的观念，用先进文化占领农村阵地。每年组织开展"星级文明户""好媳妇""好婆婆""乡村光荣榜"等各类先进典型评选活动，对先进人员通过光荣榜的形式进行宣传，用身边人、身边事进行教育，使文明创建、文明服务工作真正入脑、入耳、入心。引导全体村民积极践行社会主义核心价值观，进而引导农村社会思潮，使之成为农村文化的主流。**二是丰富活动形式**。以党员党小组周活动及巾帼志愿者等5个志愿者服务队为主体，开展志愿者特色主题活动，实现党的建设活动向基层末梢延伸，并对4个党小组活动开展情况定期评比表彰。村第三党小组有个老党员陈金秀，今年已经87岁了，仍坚持参加党小组周活动，义务打扫养老中心公共厨房和厕所卫生，给全村党员群众带了好头；居家养老服务中心党小组，充分发挥老党员作用，不断丰富老人精神文化生活，通过"七一"庆祝建党100周年、"八一"慰问军烈属、"九九重阳节"慰问老人等党小组主题活动的开展，凝聚了人心。

二、以居家养老为纽带，孝老爱亲树新风

郭家村大力弘扬尊老爱老优良传统，率先在全区建立首家居家养老服务中心，由小及大，潜移默化引导群众树立文明新风。**一是变废为宝**。投资150万元对闲置多年的学校进行改建，对院内进行绿化美化，配备阅览室、娱乐室、洗澡间、健身器材等硬件设施，高标准建设居家养老服务中心。**二是特色供养**。凡郭家村年满65周岁、生活能够自理的老人，按照老人申请、子女签订入住协议等程序，均可入住养老服务中心，每天只需象征性交纳5毛钱费用。这里的老人每户都有一小块菜地，有专职人员负责做好服务，每天进行安全巡护，每周组织洗澡理发，每月检查灶具、疏通烟管，每季度开展一次慰问演出，每年组织一次健康体检，让老人们在自己力所能及的范围内，做一些自己能做的事，从中劳有所获，劳有所得，让老人们在这里舒心生活、安度晚年。**三是人性关怀**。在让老人们吃好穿暖的同时更加注重对老人的关爱。每逢春节、重阳节等传统节日，党员干部到养老服务中心奉献爱心已成为郭家村党员干部不成文的规定；每逢老人生日，村党组织都会提前订好生日蛋糕，并安排专人提醒子女为老人过生日，并适时举办养生、保健知识讲座，增强老人们的健康养老意识。郭家村党组织建设的小小居家养老服务中心，让老人们感受到了党的温暖，在破解农村养老问题上走出了关键一步，暖了老人们的心，教育了年轻一代，弘扬了孝悌和睦家风、婚丧嫁娶新风，很大程度上密切了党群干群关系，现在村里即使有一些小的矛盾纠纷，只要村干部到场，基本上都能大事化小、小事化了。

三、以城乡融合为方向，转型惠民促振兴

郭家村按照"依托城郊资源优势，打造三产服务基地"的思路，多措并举发展集体经济，带动群众就近增收。**一是壮大集体经济**。依托三门峡西货运站、中储粮三门峡直属库2个大型企业，围绕鑫源建材有限公司、十安砼业、恒基搅拌站做好运输和装卸服务，有效提升了村集体经济效益；积极整合五龙苑社区物业服务公司、装卸服务公司、水电服务公司等资源，由郭家村集体经济股份合作社统一经营、规范化管理，为村民提供就业岗位120余个，在壮大集体经济的同时让群众参与、共享发展成果。**二改善人居环境**。富裕起来的郭家村拿出真金白银，先后投资300万元全面改善人居环境，在原有新农村社区的基础上，改造公厕、绿化道路、美化墙体，积极发动党员群众开展"文明巷道""美丽庭院"等评比活动，推动村容村貌提档升级，目前已打造"美丽庭院"150个，并与相关的奖励挂钩。**三是推进服务机制**。村两委每年春节前为每户群众发放米、油，为65岁以上老人发放100元慰问金，为80岁以上的老人发放1 000元慰问金。为全体村民缴纳合作医疗参保费、有线数字电视收视费；继续推行郭家村农村户口每月减免1吨水费政策，减轻了群众的负担。每年村集体为全体群众承担各类费用达80余万元，让村集体的良好发展成果惠及全体村民。**四是强阵地树新风**。利用村文化大院、文明学校、居家养老服务中心，建设了一批室内外场所，给群众创建了一个可娱乐、可休闲、可运动、可学习的居住环境。建成了新时代文明实践站、学雷锋志愿服务站、郭家村乡村振兴馆。依托阵地，在三八国际妇女节、五一劳动节等节日，举办法律知识讲座和各类培训活动。2021年经过村民自荐，村小组推荐，评选出"文明家庭"3个，好媳妇3人，好婆婆3人，优秀志愿者4人，对先进人物通过"乡村光荣榜"的形式进行宣传，用身边人、身边事进行教育，使文明创建、文明服务工作真正入脑、入心。并多次筹资邀请省、市、区剧团到村戏剧舞台演出，传承传统文化，丰富村民的精神文化生活。

下一步，郭家村将充分依托城郊区位和资源优势，挖掘自身亮点、特色，因地制宜谋划大发展。通过建设文明乡风，帮助农民树立发展信心，改变落后思想观念，主动摒弃陈规陋习，为乡村振兴注入强大的精神动力，努力走出一条以文明乡风助力乡村振兴的新路子，打造全省乃至全国的典范。

党建工作包括党的自身建设和党的领导两个方面，上述六个案例正是紧扣这两个方面的工作目标，丰富了党建的职能、内容和方法，使移风易俗工作始终在党的领导下进行，因而取得了重大成效，启示有四点：一是在思想建设中定好位。移风易俗工作要成为党建工作的中心内容，举全村之力方能奏效。二是在组织建设中聚力量。通过发挥组织的凝聚力量，将散状的文明微行为聚合成众行动。三是在作风建设中添活力。村两委的相关活动要将移风易俗活动融为一体、合二为一，方能实现党风政风民风的统一。四是在能力建设上加把力。着重提升党员干部的能力水平，让农民群众从党员的言行举止中得到潜移默化的影响。

标杆引领型

导语

　　人们常说，"说一千道一万，不如标杆看一看"。这一类型的移风易俗典型案例，主要做法，尽量用农民身边的人讲身边的事，用农民能听懂的语言，开展宣传发动工作，将移风易俗的"种子"在广大农民心中生根发芽、开花结果。主要成效，由于都是发生在农民身边的先进模范代表，在农民中间形成了可复制、可模仿、可借鉴的榜样力量，最终达到事半功倍的效果。

风气正　民心顺了　文明新风注心田

——民权县褚庙乡孙坡楼村移风易俗典型案例

一行行青青的杨柳随风摇曳，一条条新修的水泥公路纵横交错，一座座白墙红瓦别具风格的农家小院错落有致，村头时不时传来孩子们玩耍嬉笑声和村民的朗朗谈笑声……走进民权县褚庙乡孙坡楼村，村容村貌整洁，移风易俗的宣传字画随处可见，呈现出一派恬静悠闲的美丽景象。

这一幅幅生动的新农村画面里，村民们感受到的不仅是生活在这里的知足与幸福，更是深刻体悟到文明新风为他们带来的美好新生活。"早先俺村可不是这个样子，这几年变化大着嘞！村里环境越来越美，村风也变美了，村民生活更叫美！"村支部书记梁勋富喜笑颜开地对笔者说。

原来，孙坡楼村之美不仅美在"面子"，更美在"里子"；不仅美在环境，更美在文明风尚。近年来，孙坡楼村结合美丽乡村建设和脱贫攻坚工作，积极动员全村干群大力开展"移风易俗、倡树新风"主题活动，从成立红白理事会着手，将移风易俗纳入村规民约，倡导破陈规改陋习、树新风刹歪风，倡导喜事新办、丧事简办、厚养薄葬、勤俭节约的文明之风。

除了"软件"约束，孙坡楼村还提供"硬件"便利。最近，在乡党委、政府支持下，村里对原有的红白理事服务大厅进行了装修和升级，取名为"新风苑"，免费为村民提供操办红白事所需的场地、桌椅、餐具等设施。哪家有红白喜事，只要提前预订，就可以在服务大厅举办宴席。村委和红白理事会进一步完善章程、规范制度，规定不论贫富，事主亲朋均统一用餐、统一标准。烟酒档次、酒席数量、菜品种类等方面都有详细规定。

谈起移风易俗给村民生活带来的变化，孙坡楼村民李大军更是有着切身的体会。前些年，李大军外出务工时，与同在一个工厂的外省女孩相识相爱，俩人情投意合，准备结婚。新娘那边礼重，丈母娘彩礼张口就要十多万，没有这个数，姑娘休想出嫁。大军家庭情况不太好，哪里去寻找这笔巨款？急坏了这对年轻人。村委领导得知此事，和红白理事会会长三次远赴安徽，最终做通了女方的工作。迎娶当天，按照红白理事服务大厅定下的标准，简单摆下十几桌酒席，在乡亲们的祝福中，一对新人喜结连理。

"多亏了俺村的红白理事会，俺的喜事办理的圆满还省事！"李大军高兴地说。现在大军出外挣钱，爱人在家照顾孩子和老人，男的勤快，女的贤惠，两人互敬互爱，小日子过得比蜜还甜。

"红事"简办，"白事"也不能讲究排场。前不久，该村村民梁某为去世三周年的父亲办理祭祀，该村红白理事会人员把新村规传达给梁某，并说明村红白理事会全程关注参与。"俺对厉行节俭的新村规双手赞成，办这事咱就去村里的红白理事大厅按规矩办！"梁某爽快地表示听从理事会的安排。祭祀办理当天，梁某的亲朋好友看到如此简单省事的丧事操办后，纷纷连声赞好。一位在场的村民说："我看这样办好！父母活着好好孝顺，比逝后大操大办强得多！"。

"以前谁家办事儿，都是在自家院中搭起大棚，全村都来吃流水席，一办就是几十桌，光是人工、桌椅、餐具租赁费用少说也得千把块钱，不光费时费力费钱，还生怕不如别人惹笑话。"回忆起以前村民办红白事的场景，梁勋富感慨地说："现在好了，自从推行移风易俗，村里有啥喜忧事，都在'新风苑'里待客，群众省钱省力省事，关键是标准都一样，谁也不攀比谁！"

同行的褚庙乡乡长白守玉粗略算了一笔账：从2006年该村建起红白喜事服务大厅以来，按照每次（场）办理红白事为村民节约一万元计算，十二年间差不多已经为全村村民节省了近400万。

服务大厅给孙坡楼群众带来了实实在在的好处，大家都看在了眼里，就连周边乡村的村民，家里有了喜忧事也都乐意到孙坡楼村"新风苑"办理。如今，孙坡楼村移风易俗的做法已经成为褚庙乡乃至全县的典范，吸引周边多个乡镇前来学习效仿，喜事新办、丧事简办的观念在当地日益深入人心，勤俭朴素的乡风民风正在逐步形成。

随着移风易俗的逐步推进，孙坡楼村村民的生活方式也悄然发生着转变：党员干部自觉带头，反对铺张浪费，不滥发请帖，做移风易俗、勤俭节约的表率；婚事新办，摒弃搞攀比、讲排场的不良风气；丧事简办，简化治丧仪式，不搞封建迷信；在生儿育女、升学入伍、生日庆典、乔迁新居等喜庆事宜时，做到能免则免、能减则减，不讲排场，不比阔气，自觉除陋习、树新风。

孙坡楼村还把移风易俗与先进典型选树宣传结合起来，充分发挥道德模范、文明家庭在教育人、引导人、塑造人方面的积极作用，以正确的价值标准引领农民家庭改进乡风民俗，倡导新风正气。前不久，在"新风苑"集中召开的全村"十星级文明户"表彰大会上，镇、村领导亲自为身披绶带、胸带红花的自主脱贫、助人为乐、创业奉献等先进模范和好婆婆、好儿媳、好妯娌先进典型颁奖授牌，并将他们的优秀事迹做成宣传版面，安置在"新风苑"大力宣传。

"照顾好老人，这都是我应该做的，只是对公婆尽了点应尽的孝道，村里就给了这么大的荣耀，俺真不知道说啥才好！"荣获"好儿媳"的村民范爱英谈起村里对她的表彰，这位朴实的村妇还有一丝腼腆。

今年53岁的范爱英是孙坡楼村1组村民，家中生活并不富裕，公公因脑中风偏瘫在床十多年，大小便失禁完全丧失生活自理能力，她不嫌脏、不嫌累，端屎倒尿地在病榻前伺候。祸不单行，后来婆婆也生了一场大病，范爱英的工作量又翻了一倍，每天都要给两位老人喂饭、擦洗身体、帮助老人翻身，怕老人长期在床肌肉萎缩，她又学会了按摩，卧病在床几十年的两位老人在她精心的护理下，没有生过一次褥疮，说起她乡亲们都交口称赞。

范爱英的感人事迹只是该村精神文明建设中的一个缩影。现在的孙坡楼村村容美了、风气正了、民心顺了，文明新风在耳濡目染中注入百姓的心田，各种陋习随之销声匿迹。人情包袱减轻了，邻里关系更加和谐了，"简朴为荣、节约为美"的社会风尚已经在当地落地生根。

"下一步，我们将总结推广孙坡楼村的经验做法，进一步在全乡营造文明节俭的社会风尚，让文明新风吹遍各村各户！"褚庙乡党委书记刘洪伟如是说。

典型培树育新风　榜样带动促和谐

——济源市思礼镇涧南庄村移风易俗典型案例

近年来，涧南庄村将乡风文明培育作为促进乡村治理的"牛鼻子"，以"好媳妇""好婆婆"评选表彰等活动为载体，坚持支部引领，群众参与，典型培树，榜样示范，传承家庭美德，弘扬优良家风，优化村风民风，涵养乡村文明的根和魂，在全村营造了见贤思齐、崇德向善、孝老爱亲的浓厚氛围。

涧南庄村文化广场

涧南庄村位于济源市区西10公里。全村共3个居民组，234户，919人，党员45人。近年来，涧南庄村村两委以"好媳妇""好婆婆""十星级文明户""最美家庭"等先进典型评选表彰为切入点，传承家庭美德，弘扬优良家风，扎实推进农村精神文明建设和移风易俗工作，走出了一条卓有成效的乡村治理之路。先后获得"全国乡村治理示范村""全省五好基层党组织""全省民主法治示范村""依法治村民主管理先进村"等多项荣誉。

涧南庄村体育游园

一、抓组织领导

涧南庄村高度重视先进典型选树活动，村党支部明确提出，要把"好媳妇""好婆婆""十星级文明户""最美家庭"等评选表彰作为党建工作的一项重要任务，通过开展活动，弘扬敬老爱幼、孝老爱亲、勤俭持家、邻里互助等传统美德，使村中每个家庭真正成为中华民族传统美德的传承者、新时代公民道德建设的实践者，进而促进全村的和谐稳定。活动由村党支部牵头，村妇女

"好婆婆"合影

组织具体负责，以党员干部为示范，以居民组为单位，积极发动群众、组织群众、引导群众，扩大群众参与率和影响力，造出声势，创出影响，做出实效。

"好媳妇"合影

二、抓宣传引导

涧南庄村充分依托村新时代文明实践站和"妇女之家"活动阵地，借助"六讲"活动开展（即书记讲党课、干部讲政策、专家讲理论、能人讲技术、百姓讲变化、模范讲事迹），大力宣传选树先进典型的目的、意义、方式和程序，让党员干部群众从思想上重视起来、行动上参与进来。借助党建"大喇叭"、主题游园、文化墙、道德讲堂等平台，广泛宣传社会主义核心价值观，宣传道德模范、学雷锋志愿服务、好人好事、创新创业等方面的典型人物和典型事迹，让群众耳濡目染接受熏陶和教育，感悟家庭美德的内涵，接受良好家风的教育，认识优良家风对个人、家庭幸福生活的重要作用。

三、抓推荐评选

家庭是优良家风的创造者、践行者。在"好媳妇""好婆婆""十星级文明户""最美家庭"等先进典型选树活动中，涧南庄村重点围绕夫妻和睦典型、孝老爱亲典型、教子有方典型、勤俭持家典型、邻里和睦典型等重点对象，深入发现、深度挖掘、充分展示。为体现评选的公正性，一是征求村民意见，反复讨论，确定评选条件；二是严格评选步骤，符合条件的先进典型可采取自我推荐、居民组推荐、村妇女组织推荐三种方式向村党支部进行申报，村党支部对上报的推荐人选进行审核，评出候选人，村监委会、道德评议会全程予以监督，对评出的候选人在村中显要位置进行公示，广泛征求群众意见，公示结束后无异议的候选人上报镇党委，进行命名表彰。通过上述程序，村中先后评选出李艳艳、翟秋霞、成小兰、常翠兰等好媳妇、好婆婆35人、王明星、赵根弟、王素琴、韩景娥等9户"最美家庭"、卫中芹、王栓柱、王翠兰等"十星级文明户"106户，凝聚了向上向善的社会正能量。

涧南庄村好媳妇

涧南庄村好乡贤

四、抓教育熏陶

推荐评选后，并不意味着活动的结束，涧南庄村及时举办文明家庭道德故事会、家训家规评议会等活动，晒家庭幸福生活、讲家庭和谐故事、展家庭文明风采、秀家庭未来梦想，吸引群众踊跃参与，共同分享，共同促进。平凡却充满温情的事迹，普通却感人肺腑的话语，表达了弘扬优良家风的美好心声。特别是2015年全市寻找"最美家庭"暨"好家规好家风"观摩活动、2017年全镇"好媳妇""好婆婆"及"十星级文明户"表彰大会先后在涧南庄村举行，2019年通过申报创建省级文明村，使广大群众深受启发感染，产生了良好的社会效应。

小家传大爱，美德暖人心。涧南庄村党支部书记王信普表示，开展先进典型选树活动，就是要发现先进、培养先进、学习先进、争做先进，就是要以小见大、以点带面，真正使人际和顺、家庭和美、邻里和睦、社会和谐成为大家的内在追求和自觉行动，从而引导全村居民实现自我教育、自我约束、自我管理、自我提高，弘扬优良家风，建设文明家园。

总之，涧南庄村通过开展"好媳妇""好婆婆""十星级文明户""最美家庭"等先进典型评选表彰活动，树立了先进典型，弘扬了优良家风，营造了文明村风，做到了把社会主义核心价值观落细落小落实，在推进乡村治理中迈出了坚实步伐。十多年来涧南庄村没有发生过一起信访或刑事案件，2019年成功入围"河南省文明村"，2020年成功创建全国文明村。

涧南庄新时代文明站

乡风文明助振兴 移风易俗树新风

——潢川县魏岗乡高楼村移风易俗典型案例

高楼村是典型的农业大村，面积8.5平方公里，全村20个村民组，850户，3 450人，党员72名。高楼村毗邻淮河，地势平坦，耕地肥沃，绿树成荫，是远近闻名的先进村、示范村。处处呈现"美德"崇尚，"讲文明、树新风、四进农家"蔚然成风，连续成功举办七届新春农民运动会。

近几年来，高楼村以习近平总书记关于生态文明思想为指引，把乡风文明建设作为实施乡村振兴的助推器，强化村组织引领，带动农民主体参与，同步推进价值引领、乡村治理、文明创建，倡树乡风民风，提升人居环境。先后荣获了国家级基层群众自治示范村（居）、全国文明村镇、省级生态村、省级卫生村、市级基层党建先进村、市级绿色村庄等荣誉称号。

乡风文明贯穿于乡村振兴的各个方面，它是乡村振兴的软件基础，也是乡村振兴的重点、难点。站在新的奋斗起点上，如何突破这个难点，让这个"软件"不软，滋养乡村振兴，高楼村通过多年文明创建，积累了丰富的经验，高楼村的主要做法是：

一、坚持以"文化"滋养新风

魏岗乡高楼村着力打好乡村振兴文化牌，推动移风易俗，树文明新风。**一是弘扬道德文化**。利用新时代文明实践站，定期开展"传家训、立家规、扬家风"道德宣讲活动，通过身边群众事迹宣讲、爱国教育，引导群众"知党恩、听党话、跟党走"；并且每年的重阳节，为全村70周岁以上老人举办"饺子宴"，弘扬中华民族孝老爱亲、崇尚道德的优良传统。**二是丰富群众文化**。坚持每年开展"我们的节日"主题活动，举办"七一"党日、"八一"拥军、中国农民丰收节、乡村农民运动会等活动，组织文艺汇演，传承农耕文化，营造了文明、和谐的良好社会氛围。**三是传播价值文化。**创新打造禁赌诗墙、禁赌教育屋，开展禁赌、禁毒、戒烟宣传活动，引导群众摒弃陋习、弘扬正气，遏制歪风、崇尚文明，养成热爱生活、靠勤奋创造生活的良好习惯；创建"和"字村组，打造万"和"墙，传播"和"文化；为夯实文明创建成果，每季度举办一期"乡风文明会客厅"活动，通过"请进来、走出去"，开拓村民视野，营造文明氛围。文化是乡村的"灵魂"。农村之美，不仅要美在生态上、环境上，更要美在村风、美在心灵。高楼村在提升外部环境的同时，更注重挖掘乡村文化内涵，以弘扬社会公德，提高村民素质为主题，开展了一系列群众性活动，让村民共享发展成果。新建文化广场、开办农家书屋，满足村民文化需求；举办农民运动会，丰富村民文化活动；开展四进农家、五好家庭、美丽庭院等评选表彰活动，使社会主义核心价值观深入人心；建立"生态文明银行"，印制"生态文明钞票"，获得"生态文明钞票"奖励的村民可到指定爱心超市换取生活用品，年终还对获奖多的村民优先评为文明户……一项项举措，一个个活动，让村里人文环境发生了巨大变化，讲文明、树新风、倡美德蔚然成风，处处呈现出和谐新风尚。

二、坚持以"治理"清新村风

高楼村以前"脏、乱、差"，基础设施薄弱，留守老人卫生意识薄弱。要实现乡风文明，必须从人居环境改善抓起，必须从群众思想转变抓起。为此，我们以开展"人居环境综合整治行动"为契机，**一是着力抓好基础设施的改善。**累计水泥硬化村组道路15公里，整村推进"改厕"560多户，修建垃圾中转房10个，配置分类垃圾桶80个，招聘保洁员10人，建设人工湿地污水处理1处，村容村貌变好了，人们的生活习惯也就自觉变好了。**二是努力抓好群众观念的改变。**一方面坚持党员干部带头抓宣传教育，一方面坚持每年11月19日的"世界厕所日"，开展"寻找最美厕所"评选表彰活动，既增强了人们的卫生意识，又提高了文明程度。**三是全力抓好示范村组的改造。**以创建美丽乡村为契机，重点打造了雷营、新庄等5个示范村民组建设，示范带动了全村20个村民组积极开展"村庄清洁行动"，清除了淤泥、治好了污水、除掉了杂物，处处规范整洁、干净靓丽。魏岗乡高楼村以生态建设为抓手，以改善群众生产生活环境、提升群众生活水平为核心，新挖万方大塘9口，新修村组水泥路11.3公里，新建电灌站3个，硬化渠道36公里，修建垃圾中转屋5处，建公共厕所2座，购买垃圾桶100个，建设村部居民点人工湿地污水处理系统一套，不断改善人居环境，打造"绿、清、亮、美"的美丽乡村。

三、坚持以"评比"涵育家风

积极深入推进家风家训、星级文明户、文明家庭、好人乡贤等评选活动，立家规、正家风、促民风、倡文明。**一是创办生态文明银行促动"比"。**对争创卫生户、孝老敬亲和文明家庭的农户发放生态文明钞票，可以到村爱心超市换取日常生活用品；年终对获得生态文明钞票最多的农户，优先评为文明户、卫生先进户后，再奖励开水瓶、电热壶等用品。**二是开展孝道评选活动带动"比"。**成立了村里的志愿者服务队，队员有30余人，每逢冬、夏两季，在村文化广场集中给五保户、孤寡老人洗衣晒被。同时积极开展子女、儿媳"晒衣被、晾孝心"活动，通过比谁洗得多、洗得勤，评选出"好子女""好媳妇"，尊重老人、关爱老人的好风尚蔚然成风。**三是设立流动锦旗发动"比"。**通过制定村规民约、签订门前"三包"等，发动村民自觉参与生活垃圾治理，养成爱护环境、讲文明、讲卫生的好习惯，并且每月为卫生先进户、垃圾分类先进户和文明户送去流动锦旗，掀起了争做文明户、争当先进户的热潮。高楼村推进乡风文明建设的历程，始终坚持以党建高质量引领乡村人居环境，以活动多开展落实各项政策，立足"生态水乡、和谐高楼"的发展定位，突出建设美丽乡村是人与自然和谐相处的工作目标，统筹规划，因地制宜。在美丽乡村建设中，坚持农民主体地位，尊重农民意愿，突出农村特色，弘扬传统文化，注重人与自然的有机融合，取得了"文明卫生、舒适舒畅、环境优美"的好效果。经过多年的努力，高楼村已经成为信阳乡村振兴的典范，特别在乡风文明建设方面，更是成为中原地区的代言人。乡村振兴的高楼模式正在应运而生。

文明乡村绽放幸福之花

——兰考县东坝头乡张庄村移风易俗典型案例

张庄村曾是兰考最大的风沙口，当年焦裕禄同志就是带领"除三害"工作队在这里查风口、追风源，总结出了翻淤压沙、"扎针""贴膏药"的治沙方法，打响了全县向风沙进军、向风沙夺粮的第一枪，留下了宝贵的焦裕禄精神。2014年3月17日，习近平总书记到张庄村考察调研，召开了干部群众座谈会，短短几十分钟的座谈，寄托着总书记的殷殷嘱托。当时紧挨着坐在总书记左侧的申学风以及在场的干部群众，牢牢记住了总书记的嘱托。

为了总书记的嘱托，近年来张庄村强化"把总书记调研点建成示范点"的责任担当，在推动乡风文明建设上干在实处、走在前列，以培育和践行社会主义核心价值观为根本，以倡导文明新风、提高农民素质、发展农村经济和改善村容村貌为重点，丰富乡村文明建设载体，极大提升了精神文明建设水平，先后获得了全国文明村镇、全国乡村旅游重点村、河南省文明村镇、被兰考县授予美丽村庄红旗村、稳定脱贫奔小康红旗村、乡风文明红旗村等荣誉称号。

走进兰考县张庄，村内道路平坦干净，房屋错落有致，花坛绿树相互映衬，文化书屋、戏曲大院、乡贤馆、说理室等作用发挥成效显著，小村庄处处给人以久违祥和之感。

张庄位于九曲黄河的最后一弯东4公里处，1 025户，3 289人。2014年之前，张庄村由于生存环境差、群众思想陈旧等原因，被兰考县定位贫困村。一个昔日贫穷落后的村庄，为何在不到10年的时间里，蜕变为一个文明乡风浓厚、充满生机活力的红旗村，并入榜全国文明村镇、全国乡村旅游重点村。

一、尊民意巧改造，筑乡风文明"硬基础"

村民游文超是一名老党员，妻子因高血压生活不能自理，儿子因脊椎问题不能承担重体力劳动，孙子和孙女正在上学，家庭负担沉重。在村民对发展乡村旅游心中存疑、持观望态度的情况下，经过党委政府的引导，带头对自家房屋进行改造，作为民俗旅馆接待游客，"游家小院"每年收入五六万元。游文超成为全村发展民宿第一个吃螃蟹的人，他在自力更生脱贫致富的同时，积极发挥老党员的示范作用，带动31家农户发展农家小院，张庄村的特色旅游产业链也逐步形成。

如今，张庄村在尊重村民意愿的情况下，在提升村容村貌基础上，不搞大拆大建，把围墙打通透绿，对房屋进行简单改造。在建筑风格上，突出豫东民居风格，修旧如旧，把闲置的空心院、破旧房屋改造成公共文化服务设施，使一处处破烂不堪的老屋，或发展民宿、或发展餐饮、或发展公共娱乐场所，先后建成了藏书10 000余册的桐花书馆、张庄戏院、黄河湾书画院、民俗馆，让一处处破旧的老房子，重新焕发了生机，完成了一个华丽的蜕变，成了张庄村的一道亮丽风景。

二、重文化润人心，优乡风文明"软环境"

张庄村每周五晚上七点半在村委院内开办"幸福家园"大讲堂，除了讲解扶贫政策、宣传优秀传统美德，还让贫困群众讲述自家脱贫的经历及经验，刚开始没人愿意讲，经过鼓励引导，闫春光是第一个上台的，他讲总书记到他家之前，他破罐子破摔几乎丧失了生活的信心，总书记到他家亲切关怀的话语鼓舞激励了他，他扩大养鸡场，创办香油坊、春光农副产品店和积极争取入党的点点滴滴。在他的带动下，不管是脱贫户还是未脱贫户都想上台说两句，说到动情处，台下的干部群众偷偷抹眼泪，大大提振了干部群众干事创业的精气神。

为进一步提高乡风文明水平，张庄村进行了积极的实践探索，努力实现以德润心、以文化人的目的。张庄村成立了"梦里张庄"艺术团乡风文明宣传队，先后排练了《焦裕禄》《朝阳沟》《花喜鹊》等一些群众喜闻乐见的剧目和一些自编自演的"三句半"等节目，免费为大家演出，特别是编排了以牢记习近平总书记寄语为主旨，由本村学生进行表演的手语舞《堂堂正正一辈子》，成为每周五大讲堂的固定演出节目。艺术团自成立以来先后为群众演出180余场，成为村民交流、宣传政策、对外宣传张庄的重要组成部分。同时，在农闲和重大节日期间，组织群众开展农民春晚、农民趣味运动会等丰富多彩的活动，丰富群众的文化生活，提升群众幸福指数，过去一些如打牌、站街头、婆媳关系紧张等不和谐现象销声匿迹，在全村范围内营造了浓厚、良好的和谐乡风和淳朴民风的氛围。

三、正民风易民俗，开乡风文明"新风尚"

求治之道，莫先于正风俗。2017年9月1日，张庄村召开村民代表大会通过了13条村规民约，与村民约法三章。对不执行村两委决策、不参加不配合公共事业建设者，不执行殡葬管理制度，红白喜事大操大办铺张浪费者，不孝敬老人、不奉养父母者等13类人，以户为单位列入黑名单管理，考察期为半年，考察期内取消该户参加村内开展的文明家庭、美丽庭院等评选资格。成立红白理事会，在群众中推选出德高望重的村民作为红白理事会成员，制定《张庄村红白理事操办标准》，在全村上下掀起倡导婚事新办、丧事简办、破除封建迷信、狠刹婚丧嫁娶大操大办、互相攀比、铺张浪费等不良风气。设立张庄讲理堂，让村民在讲理堂对当前村里存在的陈规陋习建言献策，干部也在讲理堂听到了群众过去不想说、不愿说、不敢说的意见和建议，了解到群众想什么、盼什么、要什么。好的、不好的，好听的、不好听的都拿到桌面上来说。道理越说越明，思路越说越顺，事情越说越好，感情越说越浓，问题越说越简单，风气越说越清正，有效推进文明和谐张庄村建设。

同时，以"爱心美德公益超市"为平台，以"积分+"管理为基础，探索开展农村积分管理助推乡风文明建设工作，以无职党员、志愿者、民调员、文明户、五美庭院、好媳妇、好婆婆等为对象，将村民在参与乡风文明农村治理中的行为表现转换为积分，通过激励的方式调动广大农村党员、群众参与乡风文明建设的积极性和主动性，实现了"小积分改变坏习惯"的效果，真正让文明之风惠及每家每户。

四、强服务创品牌，争乡风文明"排头兵"

当时张庄村养殖户比较多，还有几家"小散乱污"企业，张庄村两委决定要把这些拆除掉，村支书申学风有个开了20多年的预制板厂也是被拆除对象。为推动工作，他二话不说就给关停拆除了，因为这他成了家里的"公敌"，爱人好几个月都不理他。大家一看，这是动真格了，谁也没再提意见，就这样全村的4家厂子和26户养殖户得以顺利拆除。同时党员的先锋模范作用也被激发出来，党员个个亮身份、争作为，形成"党员领着干，群众跟着干"的浓厚氛围。

榜样的作用是无穷。张庄村自发成立无职党员志愿服务队伍，开展农村无职党员"五争五带头"（争做合格党员，带头履行义务；争做为民先锋，带头服务群众；争做建言标兵，带头弘扬正气；争做道德模范，带头倡树新风；争做致富能手，带头扶贫帮困）活动，有效发挥了党员的带头引领作用。在外的能人志士成立乡贤联谊会，动员广大乡贤凝心聚力、同舟共济、助推家乡发展，通过乡贤联谊会，在张庄村"三捐"工作中共计捐款26万，用于张庄村美丽乡村建设和爱心超市捐款捐物。

同时，打造新时代文明实践站，面向村民开展志愿服务，自挂牌以来先后吸引20多名志愿者加入新时代文明实践站。在张庄村每月的饺子宴、快乐星期天、"一米团"宣讲等活动中，党员发挥着主力军的作用，让广大群众在多姿多彩、喜闻乐见的文化活动中获得精神滋养、增强精神力量。

五、抓典型促引领，树乡风文明"新标杆"

村民许建奎2006年至2013年，在青海省格尔木市开挖掘机，当时每月工资6 000元左右，日子过得还算可以。2013年干活时突然干呕不断，起初以为是高原反应，便下山看病，打了两天针不见好转，就想回到兰考看病，谁知道刚到兰考就陷入了昏迷，在医院抢救了48小时，医生告诉他得了尿毒症，情况不是很好，双肾已经出现萎缩症状。辗转几家医院，住院3个多月，总算把病情稳定，但也花光了家中积蓄。之后每月还要透析12次，一年费用约60 000元。当时许建奎感觉就像天塌下来了一样，压得他喘不过气。出院之后骑过三轮车，卖过水果，微薄的收入根本无法承担每次透析的费用，让他感到生活的无力。让他坚持走下去的，是村驻村工作队对他持续不断的帮扶。2014年许建奎通过申请成为贫困户，各项政策的扶持帮助他增收，医疗保障和慢性病补贴减少了看病花销，教育补助减免了他两个孩子的学费、住宿费，减轻了家中的经济负担；2015年张庄村驻村工作队介绍他到坝头派出所当巡防队员，让他有了稳定收入。2016年村里通过"四议两公开"，把他们家纳入了低保兜底户，不仅透析费用降到了一次四五十元，每月还能领低保金。不仅如此，政府还免费发放了湖羊和构树鸡，安装太阳能光伏板，介绍他媳妇到服装厂务工，帮助他们家增加收入。2018年，村里帮他贷款、办手续开设小超市，家里的经济收入有了新变化，生活条件也变好了。党和政府的不断帮扶，让他家燃起了生活的信心，有了干劲。2019年，许建奎家也顺利脱了贫，日子越过越好。正是党和政府的关心，让他有了干劲，有了精神头，疫情防控期间，他还为村里卡点捐物资，当志愿者，发挥自己的力量为社会做贡献。

平时，张庄村积极开展"孝老爱亲"饺子宴、兰考文明户、好媳妇、好婆婆、五好家庭等评选活动，树立张庄村先进典型。按照"点燃一盏灯、照亮一大片"的原则，邀请村内先进典型人物现身说法，用鲜活教材和生动的细节来传播正能量。同时，在村两委的引导下，群众自发开展"美丽庭院"建设，对院落进行简单美化，打造花园式庭院，按照"五净一规范"（即院内净、卧室净、厨房净、厕所净、个人卫生净和房前屋内摆放规范标准）要求进行美丽庭院评比。目前，张庄村已经评选出县级"美丽庭院"385户，形成了"农村不比城里差，美丽庭院靠大家"的效果。

通过近几年乡风文明工作的开展，我们深深感受到群众的精气神变了、脸上笑容多了、村庄风气正了、群众的幸福感和自豪感提高了，基层组织战斗力和凝聚力变强了，干群之间距离拉近了。今后，张庄将始终以习近平总书记讲话精神为指引，不负期望和重托，持续发扬焦裕禄书记"三股劲"精神，持续开展乡风文明建设，苦干加巧干，把张庄村建设成为全省、全国乡村振兴的标杆。

国际扶贫论坛在兰考举行期间，国际友人到张庄调研旅游扶贫

兰考县东坝头镇张庄村好婆婆、好媳妇评选

兰考县东坝头镇张庄村开展丰富多彩文艺汇演

兰考县东坝头镇张庄村"孝老爱亲"饺子宴之一

兰考县东坝头镇张庄村"孝老爱亲"饺子宴之二

邓亚萍到张庄乡村体育室参加活动

张庄村第二届农民运动会

弘扬孝善文化　助推移风易俗

——中牟县万滩镇关家村移风易俗典型案例

关家村位于中牟县万滩镇东北5公里处，北临黄河，南临豫东干渠，东临107国道，交通便利，曾先后获得县级文明村、市级先进党组织、省级卫生村等荣誉称号。现有村民138户，665人，其中中共党员35人，村两委成员5人，耕地面积1600余亩，人均耕地2.4亩，人均年纯收入近2万元。2020年，参照3A级景区标准，关家村建设郑州市美丽乡村精品村，以生态农业为先导，集旅游、文化、产业为一体，开创"归园田居·关家村"旅游品牌。村内街道、农户院内已打造完成，村域内有普罗旺世稻草人农场、高粱秸秆画艺术中心和泽桐盆景花卉基地，不仅增添了关家村的自然风情，也帮助群众致富增收、实现家门口就业。

近年来，关家村组织实施了以"孝、诚、爱、仁"为主要内容的家庭美德、职业道德、社会公德、个人品德的"四德"建设，开展了系列孝德文体活动和表彰活动，倡树好家风好家教，弘扬孝亲敬老传统美德，树立了婆媳关系好、家庭和睦、村容村风朴实的崇德向善良好风尚。

一、"学模范、做模范"，开展创先评优活动

大力宣传并开展"文明家庭"评选活动，按照"遵纪守法、和谐友善、文明风尚、干净整洁、美丽宜居"的创建内容及相关评选标准，最终评选出5户文明家庭，并张榜公示，制作宣传栏，广泛宣传文明家庭户的优良事迹，传递尊老爱幼、孝善敬老等好观念。在全村开展"星级文明户"认领活动，要求全村农户全部参与，根据实际情况认领"爱国星、守法星、诚信星、致富星、孝善星、助人星、卫生星、友爱星、新风星、科教星"等标签，共评选出3户十星级文明户、7户九星级文明户和其他若干户星级文明户，全村所

有家庭都荣获"孝善星"。开展先进典型选树活动，评选出村内好媳妇、好丈夫、好妯娌、好婆婆、好儿女、好邻居、好党员、创业好青年等先进典型，制作乡村光荣榜，大力宣传孝善敬老等先进事迹，弘扬社会正气，进一步加强先进典型的学习宣传，打造出群众看得到、学得到的孝老爱亲标杆，提高人民群众思想道德素质，在全村营造"学模范、做模范"的舆论氛围。

二、"讲文明，树新风"，开展志愿服务活动

设立学雷锋志愿服务站，组建志愿者队伍，开展关爱孤寡老人、空巢老人、留守流动儿童、残疾人等服务活动，提供人文关怀，弘扬尊老爱幼的传统美德。每月开展孝亲敬老、关爱邻里等形式多样、内容丰富的志愿服务活动，传播社会正能量，弘扬志愿服务精神。同时，将志愿服务和移风易俗工作有机结合，充分发挥志愿服务组织及志愿者作用，大力宣传移风易俗新做法、新成效，全面凝聚起"讲文明，树新风"的共识，营造浓厚的社会氛围。

三、"重孝道、善行为"，开展主题文化活动

开展"我们的节日"主题活动，在重阳节和冬至，组织村里的年轻人一起包饺子，请来村里老人和残疾人一起吃饺子，其乐融融的祥和氛围，弘扬了传统节日中敬老、爱老、助老、养老的孝善文化；在元旦和春节前夕，镇领导、村干部、志愿者去老人家中慰问，送去米面油等生活必需品，让老人们感受到党和政府的温暖。开展"孝善文化节"主题实践活动，号召党员干部、群众、青少年将孝善理念融入日常生活中，做到定期帮父母洗一次澡、每月带父母理一次发、每月陪父母进行一次户外活动；每周帮父母做一次家务，每月请父母吃一顿团圆饭，每年带父母检查一次身体；每月为父母改善一次生活，每月给父母清扫一次居所，每年给父母增添一套新衣，定期为父母换洗一次被褥；青少年每周给父母端一杯茶，洗一次脚，剪一次指甲，制作一件感恩小礼物……一系列孝德文化建设活动，取得了良好的社会效果。

四、"抓组织、促规范"，深化文明实践活动

创新开展"传家训、立家规、扬家风"评选活动，引导村民把孝善敬老融入到家风、家规、家训中。按照村民代表推选、村两委商议候选、党员票选、集中公示定选的"四选"推优方式，对于评选确定的优秀户，逐户征求家风家训，制作成家风家训二维码展示牌，悬挂在大门显眼位置。现在全村每家每户都已制定出各自的家风家训，村内孝善敬老的氛围更加浓厚，村民的精神面貌进一步改观。同时，在村委办公处、进出村口等显眼位置设立移风易俗、社会主义核心价值观等宣传版面，发放移风易俗、公序良俗、致全体村民的一封信1 000余封，使得孝德厚养内化于心，外化于村民群众的自觉行动；利用密切联系群众大走访、组织生活会、主题党日等机会宣传孝道文化，发动党员带头宣传好、落实好孝亲敬老工作。充分利用辖区商店、电子屏、宣传栏，定期进行集中宣传孝亲敬老先进典型，大力弘扬社会主义核心价值观，不断倡树文明新风，着力营造良好氛围，确保移风易俗宣传入脑入心。

"谁言寸草心，报得三春晖。"关家村党员干部群众以拳拳之心、寸草之情开展孝亲敬老相关活动，引导培育了村庄独具内涵的孝善文化，有力地带动了孝善文化的蓬勃发展，不断提升了村民的获得感、幸福感和精神面貌，为乡村振兴、乡村文明、美丽乡村建设打下了坚实基础。

移风易俗带来文明新风尚
——汝州市温泉镇朱寨村移风易俗典型案例

朱寨村南濒汝河，北临G344国道，下辖2个自然村，888户，3 644人，20世纪初，汝州响应辛亥起义的领导人朱绳武就是朱寨村人，是一个交通便利、环境优美、历史悠久、文明昌盛的古老村落。2020年7月20日，该村888户村民积极响应村两委的号召，集体签约为村里的红白喜事立规矩，从此该村的移风易俗工作开启了一个崭新的时代。

一、集体经济——文明风尚的助推器

近年来，温泉镇朱寨村以香菇种植为依托，采取"支部＋公司＋合作社＋农户"模式，建立村级集体经济基地。朱寨村以基地为依托，吸纳朱寨及周边村的食用菌种植户105户加入，拥有大棚1 580座，年产香菇7 900余吨，年产值近8 000万元，每年村集体创收近80万元。通过村级集体经济的发展，朱寨村大力开展人居环境整治、基础设施建设，使村内环境美起来。当前，广大干部群众已不再满足眼下的条件，而是有了更高的追求和愿景，村两委干部不失时机大胆探索，一手抓集体经济发展，一手抓农村精神文明建设，深入开展移风易俗活动，让其成为促进朱寨村文明进步的重要内容。

二、党群联动——移风易俗动真格

移风易俗工作解决的是农村社会风气问题，涉及的是农村人际关系问题，为确保移风易俗工作顺利推进，温泉镇朱寨村坚持群众的主体地位，充分尊重群众意愿，在工作开展前，朱寨村两委对全村888户群众进行全面走访，结果显示90%以上的群众支持移风易俗工作。群众表示，现在社会婚丧嫁娶大

操大办、互相攀比，这不仅造成了铺张浪费，还加重了人情往来负担，希望政府能够规范引导，破除陈规陋习，减轻群众负担，肃清社会不良风气。由此可以得出，开展移风易俗是顺应民心、势在必行的工作。朱寨村组织全村党员、群众代表、人大代表、乡贤代表召开移风易俗工作动员大会，会上参会人员畅所欲言，谈自己对移风易俗的看法和建议，朱寨村两委将大家的意见整理后，形成移风易俗实施意见，为工作开展指明了方向。

（一）抓住三个关键环节

一是党员带头。建立完善党员干部操办红白喜事报告制度，加强对朱寨村党员干部操办红白喜事活动的纪律约束，自觉接受群众监督。广大党员干部从自己做起，带头宣传倡导移风易俗，带头文明节俭办红白喜事。

二是加强宣传。为增加群众对移风易俗工作的了解，在全村营造移风易俗的浓厚氛围，朱寨村采取建设文化墙的方式，对街道两侧墙体进行粉刷彩绘，打造移风易俗一条街，对孝善敬老、婚事新办、丧事简办，以及评选出来的文明家庭、好媳妇、好婆婆、好丈夫等进行集中宣传。用这些贴近群众、生动形象、寓教于乐的文化墙，让孝廉文化深入人心，让移风易俗扎根心灵，促进形成人人弘扬传统美德、家家树立文明新风的生动局面。与全村888户群众签订《移风易俗工作承诺书》。

三是群众自治。朱寨村充分尊重群众的主体地位，广泛征求群众对"一约四会"建设、村规民约修订、红白喜事程序和费用标准等的意见、建议，切实把群众的积极性、主动性调动起来。同时，由村民代表自发组建的志愿服务队，承担起监督全体村民移风易俗的职责，实现"村民监督村民"。

（二）推进"六个一"工作法

一是成立一个组织。成立红白理事会，村里的红白喜事相关事宜，红白理事会积极介入引导；对村规民约进行重新收集修订完善，不求"高大上"，力求"短实精"，用群众看得懂、易明了的朴实话语，将婚事新办、丧事简办、孝老敬亲、不搞封建迷信、严禁私搭乱建、注重礼仪等内容纳入村规民约之中，引导村民主动转变观念，摒弃陈规陋习。并明确规定凡违反村规民约的人员，本户不能享受年度村里任何福利优惠政策（上级补贴除外）；不得参加年度村里文明家庭、好媳妇、好婆婆、好丈夫等评先活动；严重违反村规民约两次以上的人员，本人要写出检讨书。

二是制定一个标准。在充分尊重乡规民俗和村情民意、遵守婚姻和殡葬等相关法律法规的基础上，按照红白事一切从简、文明理事的原则，制定了红白喜事相关费用"五不超"的标准，即：随礼不超过200元，待客不超过15桌，一桌不超过300元，一盒烟不超过10元，一瓶酒不超过30元。

三是打造一个阵地。将老村室改造成"百姓大食堂"，由村两委免费提供桌椅、餐具等宴席用具，红白理事会对办理流程、标准要求等进行明确要求，在帮助操办红白事时，主动规劝事主按照移风易俗要求举行。

四是组织一批节目。积极谋划移风易俗特色活动，组织民间文艺团队开展移风易俗群众性文化文艺活动，将新风故事融入演出内容，编排有移风易俗扇子舞《抬花轿》、快板《移风易俗树新风》、孝道小品《醒悟》、三句半《移风易俗谱新篇》等节目，用群众喜闻乐见和生动活泼的民间艺术形式，演身边人、说身边事，引导广大青年树立新型婚恋观。

五是推出一批典型。注重充分挖掘先进典型，发挥示范引导作用，发布身边好人榜，在市文明办指导下，近几年累计评选十星级文明户10户、文明家庭80户、好媳妇50人、好婆婆50人，用村民看得见、学得来的身边典型，推进移风易俗理念进入千家万户，示范带动村民争当先进、争做模范。

六是形成一个习惯。随着移风易俗工作的深入开展，村里呈现出"四多四少"喜人成果，勤劳致富的人多了，游手好闲的人少了；孝善敬老的人多了，违法乱纪的人少了；健身锻炼的人多了，喝酒打牌的人少了；争当先进的人多了，好吃懒做的人少了。现在的朱寨村又兴起一股攀比之风，比一比谁家门口的光荣牌子多，谁家的儿女孝顺，谁家的家庭和睦等。

三、示范引领——移风易俗见成效

自2020年7月开展移风易俗工作以来，共有10户人家丧事完全按照意见要求进行了简办，村委也给予了奖励。通过开展工作，办婚事、喜事的13户人家也进行了新办。

在汝州市委市政府、温泉镇党委政府以及上级有关部门的领导、支持下，朱寨村村集体经济得到了一定的发展，香菇种植基地让村民的年人均收入增加了2 000元、村集体年创收80余万元。通过发展集体经济，村两委干部威信立了起来。朱寨村投资100余万元，实现了全村绿化、美化、亮化，村民自来水费和卫生费也全部由村集体承担，新时代文明乡风兴了起来。村里连年举办了好媳妇、好公婆、好党员、文明户、五好家庭等一系列评选活动，各家各户签订了移风易俗承诺书，全村70、80岁老人每年发放米、面、油3次，考上一本院校的优秀学生每人奖励500元。

下一步，朱寨村将借力乡村振兴的东风，做大做强香菇产业，引领集体经济发展，让广大村民共享发展成果。为建设"富裕、魅力、文明、幸福"的新朱寨，按照"小香菇、大产业"的发展思路，进一步扩大香菇种植基地规模，引导全村群众发展香菇种植业，努力闯出一条乡村产业振兴的新路子。让农业成为有奔头的产业，让农民成为有吸引力的职业，让农村成为安居乐业的美丽家园。

在示范创建和典型引路中推进移风易俗

——宝丰县赵庄镇袁庄村移风易俗典型案例

袁庄村位于宝丰县赵庄镇政府东3公里处，北靠汝河，南临马沟河，薛杨线公路穿村而过，交通十分便利，区位优势明显。全村共有农户597户，1 944人，耕地面积2 200亩。曾先后获得全国文明村、农业部美丽乡村创建试点村、全国妇联基层组织建设示范村、国家级人口和计划生育基层群众自治示范村居、河南省五个好村级党组织、河南省十大幸福村、河南省级生态村、河南省级卫生村、河南省三八红旗集体、河南省妇女工作综合示范村、河南省先进妇联组织等荣誉。

袁庄村在赵庄镇党委、政府的正确领导和各有关部门的支持下，近年来坚持以习近平新时代中国特色社会主义理论体系及系列讲话精神为指导，坚持以社会主义核心价值观为引领，把反对铺张浪费、反对婚丧大操大办作为农村精神文明建设的重要内容，积极开展创建精神文明工作，推动移风易俗，树立文明新风，取得了显著的成效。

一、统一思想，提高认识，把移风易俗作为精神文明建设的重要内容来抓

近年来，袁庄村以发展魔术演艺、农产品加工为主导，成了远近闻名的产业村、科技村和生态村。全村老百姓住上了新社区，过上了城市人的时尚生活。但是由于受传统思想的影响，村上一些铺张浪费、封建迷信等不良习俗在村里还不同程度地存在和上演。村两委清醒地认识到封建迷信、婚丧大操大办等行为耗费精力、物力、财力，如果得不到及时制止，任其发展和蔓延，与社会主义精神文明建设的要求极不相符，与公民道德建设纲要的要求严重相悖，与建设乡风文明的社会主义新农村背道而驰。因此，村支部首先

召开党员会议，明确要求党员干部要率先垂范，身先力行，抵制封建迷信和黄赌毒等一切不良社会风气，并制定一系列的机制来约束和规范党员干部的言行；其次，探索长效机制，成立了领导小组，保证移风易俗活动顺利、有序、深入开展；成立了红白理事会，新事新办、丧事简办，对婚丧喜事的宴请人数和桌数，违约处理方式等都做出了明确要求，由本村党员干部或德高望重的人员担任红白理事会负责人，全面监督工作落实，逐步改变了大操大办、讲排场、比阔气的不良风气。同时，广泛征求社会各界的意见建议，从群众意见反映最强烈的环节入手，在充分尊重传统民俗的基础上，对存在的不同陋习，制定村规民约，并通过召开村民代表大会进行酝酿讨论，表决通过，监督实施。

二、夯实基础，为移风易俗营造良好社会氛围

移风易俗工作直接面向广大干部群众，是一项得民心顺民意的"民心工程"，为了大力倡导移风易俗，把堵与疏有机结合起来，在加大治理的同时，大力发展群众性文化体育事业，开展精神文明创建活动，不断丰富群众的精神生活。一是在开展移风易俗活动中，逐步完善"四个有"文化宣传阵地。设有综治、村务党务公开、精神文明等宣传栏，建有党员活动室、村民活动广场等活动场所。二是组建了各类活动团体。全村现有腰鼓队、舞蹈队、老年健身操队，呈现出政府搭台、群众唱戏的良好局面，为创建良好的文明健康生活方式开辟了一片天地。三是开设了村级图书室。图书室内有法制、科普、计生、农业科技等20多种图书，村民可随时阅读学习，及时了解时事、政治、经济等方面知识，使群众思想道德素质不断提高。四是丰富多彩的文化体育活动在村里得以蓬勃开展，每逢春节等重要和传统节日，都举行群众文化活动。

三、加强教育，树立信心，提升全村群众的文明素质

在移风易俗、树文明新风工作中，袁庄村始终把提高全村群众的整体素质作为根本目标来努力，把加强教育作为移风易俗、树文明新风工作的基础

工程来抓，不断加强全村村民的思想道德教育，以开展"文明家庭""最美庭院""十星级文明户""好媳妇""好婆婆"等家庭文明评选活动为抓手，以点带面，因地制宜举办文化活动，潜移默化提高全村村民素质。

四、加强教育，树立信心，提升村民整体素质

袁庄村不断加强群众的思想道德教育，引导树立科学、健康、文明的生活方式，提高群众的整体素质。每年三八妇女节，组织广大妇女群众进行广场舞比赛，国庆节开展拔河比赛，全国读书日在农家书屋开展读书朗诵活动，群众踊跃参与，活动丰富精彩。志愿者队伍多次在老年服务中心开展关爱空巢老人、孤寡老人等志愿服务活动，为空巢老人打扫卫生、洗衣做饭，为老人理发、照相。宣传引导村民文明上网、文明用网。通过宣传身边好人、好女儿、好婆媳、好邻居，以及开展家风家训等多种形式的传统教育，提高全村群众的道德素质。

经过努力，袁庄村的移风易俗工作取得了一定的成绩，但在许多方面还存在不小的差距。今后，我们将再接再厉，虚心学习好经验、好做法，以改革创新的精神继续抓好移风易俗工作，把"全国文明村"的精神长久保持，发扬光大。

启
示

　　标杆引领工作包括先进人物标杆、典型事例标杆和优秀村组标杆三个方面，上述六个案例正是紧扣用"身边的人、身边的事、身边的组织"等看得见、摸得着的榜样，以点创新、以线模仿、以面推广，使移风易俗工作有的看、有的学。启示有三点：一是树立人物标杆。在移风易俗工作中，找到以身作则、率先垂范的先进个人，用这些人来说事，农民接受起来很快。二是树立事例标杆。找到那些农民就在中间参与的事情，梳理出"小办、不办、缓办"的婚丧嫁娶、红白喜事等事宜，农民很容易接受。三是树立组织标杆。主要是在村民小组、农民合作社、企业中树立典型，让农村各类组织在移风易俗中起到个人起不到的作用。

制度引领型

导语

制度是大家共同遵守的规则和习惯，是事物赖以运转的方式方法的总称，制度具有长期性、管用性、根本性。这一类型的移风易俗典型案例，**主要做法**，将党建工作与乡村治理结合，用制度管人、用制度管事，特别是实行自治、法治、德治，建立农民文明行为"积分制"、干部小微权利"清单制"，将移风易俗的行为用村规民约的方式固定下来，成为党员干部群众共同遵守的价值观念和行为准则。**主要成效**，由于制度引领，群众有了"定盘星""航标器"，都将自己的行为置于规章制度的激励约束之下，避免了人情干预、亲情干预，大家都按制度办事，移风易俗的成果就被制度给稳定住了。

加强基层治理　林州荒村换新颜

——林州市黄华镇庙荒村移风易俗典型案例

庙荒村位于林州西部太行山脚下，地势西高东低，红旗渠穿村而过，面积4.2平方公里，耕地面积660亩，辖7个自然村，5个村民小组，277户，846口人。村两委干部5人，党员40名，预备党员1名。近年来在林州市委、黄华镇党委的正确引导、全村党员的积极配合下，在脱贫攻坚、美丽乡村建设、乡村振兴工作中取得了优异成绩。

庙荒村在市委、市政府和黄华镇党委的领导下，以乡村振兴为核心任务，不断学习十八大、十九大的会议精神，用习近平新时代中国特色社会主义思想武装头脑，以党建为引领、打造优秀基层党组织为目标，做好服务，为群众办好急事、难事，让庙荒的各项工作不断进步提升。

一、加强基层党组织建设

一是完善目标责任分解机制，落实基层党建责任，明确集体责任。二是重大事项做到公开、公正、民主，村里重大事项严格按照"四议两公开制度"做法进行工作，村务监督委员会全程参与，对村里重大事项做到透明化、公开化、民主化。三是村两委工作采取集中办公，提供一站式服务。

二、村民自治规范合理

一是在2020－2021年的换届选举中，完全按照上级规定的制度完成了换届选举"三个百分之一百"目标、"四个一"任务。二是村民自治方面设立有"村民议事会""红白理事会""禁赌、禁毒协会""孝善理事会""道德评议会"等，这些理事会在村庄自治管理中起到了重要的作用，为村庄稳定发展起到了关键性作用。三是设立有村民监督委员会，根据规定设有主任一名，成员两名。对党务、村务的决策进行监督和公开，对村庄小微权力的运行是否是按规定流程运行，对"三资"管理和使用等都进行严格的监督。村务、党务、财务通过红旗渠阳光村务网进行公开，村务公开栏、党务公开栏也会及时地公开党务、村务、财务信息。

三、提升法制理念

一是定期请专业的法律人员来为村民讲解普及法律知识，提供法律救援。通过这些措施让村民具备一定的法律意识。二是在每周五组织的"农民夜校"中讲解《民法典》内容，对婚姻、民事纠纷等最贴近村民生活的法律知识进行着重讲解，让村民能讲法、守法、依法。三是设立有免费的法律援助，让村民不再担心"我不懂法，我请不起律师"。建立了法律求助微信群，让大家对不懂的法律知识有地方求助。四是"一村一警"制度，获得黄华镇派出所的支持，定期晚间巡逻，提升了村民的安全感。

四、丰富文化活动

一是成立巾帼志愿宣传队、广场舞队。平时锻炼身体，重大节日参与演出节目，为村里老年人献歌献舞，满足了村民的精神文化需求。二是每年举办"庙荒村晚"。村晚节目都是村民自发组织的节目，有地方快板、自编自演的舞蹈和法律知识宣传小段子等一系列村民喜爱的节目，既提高了村民参与热情，又普及了法律知识。三是每年举办"采摘节"。吸引大量旅游人员前来采摘，既提高了知名度，又增加了村民收入。四是举办每年一度的"最美庙荒人"的评选活动。让每家每户都参与到了活动中来，大家把心目中的"最美婆媳""最美妯娌""最美公益工""最美家庭""最美村医""最美创业者"等评选出来，成为村民的榜样。五是建立"庙荒村规民约"。同时改编成了"村规民约三字歌"，通过村规民约和红白理事会，与孝善理事会等村民自治协会相结合，有效地移除了旧风俗，增添了新风气。红白喜事从简，减少开支的同时也增加了家庭的和睦。各种文化氛围的建设，提高了村民的素质，让淳朴的乡村在新时代奏出了"文明乡村曲"。

五、集体经济发展

一是2017注册成立了"幸福庙荒"旅游发展有限公司。建立研学基地，接待来自全国研学团队，每年增收17万元左右。二是争取上级资金建成"创客基地"项目。每年增收12万元。三是成立了庙荒村农业种植合作社。土地全部流转。四是引资建设游乐场、小吃一条街。增收达到13万元。2020年引外资建设林州市黄华镇重点项目"红砖艺术中心"和"太行观霖"，正在建设中。

经过努力，庙荒村2020年先后被评为全国旅游重点村、国家2A级旅游景区、全国脱贫攻坚交流基地、河南省文明村镇、河南省级卫生村等。

用乡规民俗推进移风易俗

——卧龙区七里园乡达士营村移风易俗典型案例

达士营村位于南阳市北郊，距市中心7公里，东邻孔明路，与南阳市鸟巢体育场和李宁体育公园相距仅3公里，西有独山森林公园，东有白河，还有穿境而过的邕河和环绕村寨的寨河。全村总面积3平方公里，辖4个自然村，13个村民小组，922户，3 610人，党员80人，村组干部32人。全村支柱产业明晰、基础设施完善、村容整洁、环境优美、乡风文明，尤其是月季、艾草生产加工、盆景、树艺种植和玉器等产业发展强劲。全村以培育和践行社会主义核心价值观为根本，以文明新村创建活动为抓手，全面推进"美丽乡村·文明家园"建设，取得了明显成效。荣获河南省文明村镇、河南省新农村建设先进村、河南省级生态文明村、河南省五个好村党支部等多项荣誉称号，该村已连续四届被中央文明委命名为全国文明村镇，2021年被评为全国乡村治理示范乡村。

一、加强基层组织建设，夯实乡村治理基础

一是强化基层组织战斗堡垒作用。村党组织班子始终能够团结一致，实现了对村级各类组织的统一领导。特别是在新冠肺炎疫情防控严峻期间，党支部全体党员全部守在一线岗位，并捐款28 700元援助抗疫工作。同时，支部统筹村内各类组织成立疫情防控工作小组，开展宣传、排查、测温、消杀等工作，筹备了6万余元的防控物资，全力保障了辖区内群众生命安全和身体健康，充分发挥了基层党组织战斗堡垒作用和党员先锋模范作用。**二是全面加强村级干部队伍建设。**达士营村党支部下设5个党小组，共有党员80人，平均每年发展1名党员，在学习教育方面，每月评选学习强国"学习之星"，"三会一课""两学一做""不忘初心、牢记使命"主题学习教育、党史主题教

育等能够有效开展。**三是着力提升基层组织治理能力。**坚持党建引领，2018年1月以来，组织召开党建工作部署会议41次，基本公共服务事项驻村办理，村支部全面落实集中办公和轮流值班制度，实现了"一门式办理""一站式服务"，群众反映的问题得到有效解决。

二、深化村民自治实践，调动村民参与自治

一是健全村民自治机制。建立健全村"两委联席会议"、村民会议、村民代表大会、党员（代表）议事会等制度，规范了村务民主决策程序。**二是不断完善村规民约。**提升村民自我教育、服务和管理能力。全面推行"四议两公开"工作法，对涉及村民利益的重大事项由村民协商决定。健全完善村民理事会、村务监督委员会、民主评议等制度，畅通了群众利益诉求表达渠道。**二是坚持村务公开。**进一步完善党务、村务、财务"三公开"制度，梳理村级事务公开清单，推广村级事务"阳光公开"监管平台，引导建立村民微信群等，加强群众对村级权力的有效监督。

三、不断推进法治建设，法治理念深入人心

一是广泛开展群众性法治宣传教育。开展法治宣传一条街活动，持续创建"民主法治示范村"，大力实施农村"法律明白人"培养工程，村民的法治意识明显增强。**二是持续开展法治文化阵地建设。**充分运用村法治宣传专栏、图书室等实体阵地和微信公众号等网络阵地，推送与群众生产生活密切相关的法律法规知识，倡导依法办事、议事、管事的良好风尚。**三是规范乡村小微权力运行。**村两委成员带头尊法学法守法用法，建立健全小微权力监督制度，形成群众监督、村务监督委员会监督、上级部门监督和会计核算监督的监督体系。大力开展农村基层微腐败整治，严肃查处侵害群众利益的腐败行为。

四、持续强化德治建设，弘扬文明新风尚

一是加强社会主义核心价值观教育。依托道德讲堂引领核心价值观，邀

请了著名作家二月河等知名人士开展道德讲座，将文化长廊、文化墙、路灯作为核心价值观宣传的主阵地，沿村主干道修建20余座党建红色雕塑，开展了学雷锋、邻里守望等活动，营造了浓厚的教育氛围。**二是开展道德建设实践活动。**2021年投入15万元对党群服务中心进行提升改造，投资40余万元提升建设了两个文化广场，开展了"颂党恩跟党走""传家风、立家规、扬家风"、孝善敬老等活动，设立了孝善敬老基金、孝善敬老理事会，累计开展青年志愿服务、巾帼志愿服务等27次，传统文化演出及日常文化演出16场。**三是扎实培育乡风文明。**在全村建立4个新时代文明实践站；评出星级文明户298户，对村内52名好婆婆、53名好媳妇、58名好妯娌、9名道德模范、9名新时代好少年进行表彰，对70岁以上缴纳孝善敬老金的老人给予每人200元的奖补，累计奖补78 600元。**四是推行移风易俗。**建立健全村规民约监督和奖惩机制，发挥"一约五会"等组织作用，建立婚丧事宜报备制度，加强对党员干部的纪律约束，教育引导群众反对大操大办、人情攀比、天价彩礼、薄养厚葬等陈规陋习，形成了治理高价彩礼、反对大操大办的浓厚氛围。

五、强化乡村建设，提升乡村发展活力

一是发展规划明确。邀请了浙江大学规划设计院对达士营村进行设计规划，包括带状公园、花海、生态停车场、房屋立面改造、寨河景观打造、公交转换站、广场、3D彩绘墙等工程；并立足资源禀赋，确立了月季、艾草、独山玉三大支柱产业。**二是经济发展迅速。**村级集体经济收入达到86万元，连续两年被评为全国淘宝村，顺利举办两届美食文化节，吸引广大游客30多万人次，线上线下交易额近8 000万元。以南阳月季博览园、药益宝艾草制品有限公司等龙头企业为引领，村民增收渠道多样，生活富足。**三是人居环境明显改善。**村内主次干道全为柏油路，污水管网全面铺设，街道两侧进行了硬化、绿化、亮化、美化，农村户厕实现无害化，组建了村级环卫队，做到了生活垃圾日清日运。

六、强化社会治理，乡村生活安定有序

一是发展基层群防群治队伍。积极组织村内企业、群众参与乡村建设和治理，成立了治安管理、矛盾调解、平安志愿等不同形式的群防群治队伍，建立了户户联防防控体系，做到了矛盾不上交、平安不出事、服务不缺位，在春节、元宵节、三月三、月季博览会等重大节会上，保证了村内的安定有序。二是深入开展隐患排查。对村内的企业、家庭作坊进行了拉网式排查，对存在安全隐患、环保不达标的企业、家庭作坊下发限期整改通知7次，对砂石料厂、电线杆厂两家污染企业进行了取缔。三是有效抵制不稳定因素。深入开展平安乡村、平安家庭等创建活动，推进农村网络化服务管理，对黑恶势力、封建迷信活动、不良社会风气等及时发现、及时处理，村内连续十余年无治安刑事案件，未发生上访和非法宗教等活动，村民之间和谐共处。

达士营村对村内寨河两侧墙体进行美化，以立体画的形式讲述村庄来源、发展历史，展现村内风俗、孝亲文化等

达士营村开展孝善敬老奖励暨好婆婆、好媳妇、好妯娌、道德模范、新时代好少年表彰大会，并以曲艺形式宣传传统文化和优良风俗

达士营村利用端午节等传统节日在村内文化广场举行包粽子比赛、曲艺表演等，以喜闻乐见的形式开展移风易俗活动

多措并举推进移风易俗工作

——正阳县彭桥乡大刘村移风易俗典型案例

大刘村位于正阳县彭桥乡东北方向7公里处，区域面积9平方公里，全村辖18个自然村，986户，3 652人，耕地面积1.18万亩。该村曾荣获全国科普先进示范村、全国抗震减灾示范村、省级文明村、特色旅游示范村、市级先进党组织等称号。近年来，大刘村在乡党委、乡政府的正确领导下，以践行社会主义核心价值观为主线，通过建章立制、党员干部带头、选树典型、乡贤示范等措施，扎实推进农村移风易俗工作，取得了良好的成效，具体做法如下：

一、加强宣传教育，转变群众传统观念

为转变几千年来农民群众的陈规陋习，村支部、村委会采取多种形式

大刘村召开移风易俗宣传大会

加强宣传教育：**一是印发宣传页**。每年村委都彩印2 000多份"移风易俗改陋习、大操大办坏处多、破除迷信立四新、勤俭节约人人夸"的宣传页在全村发放。**二是利用文化墙**。充分利用文化广场、文化长廊、文化墙等文化阵地，进行长期固定宣传，图文并茂的图画让很多人驻足观看，受益匪浅。**三是召开专题会**。村委多次召开移风易俗专题大会，宣传移风易俗先进典型事迹，表彰身边好人、好事。通过宣传身边人、身边事教育广大群众，用言传身教传播正能量，形成榜样标杆效应。全村铺张浪费、大操大办现象逐年减少。

驻马店市正阳县彭桥乡大刘村移风易俗宣传栏

二、加强制度建设，促进群众移风易俗

一是制定完善村规民约。把不迷信、不大操大办、殡改火化等写进村规民约，用制度规范村民行为。多年来全村依据村规民约对违规村民进行罚款，制止铺张浪费、大操大办6起，已亡故人员全面实施火化。**二是发挥干部带头作用**。村支部书记王思杰母亲逝世带头火化，除内亲外拒绝待客；村委主任李际宝儿子结婚，待客不超8桌，党员干部带头守约，对村民教育引领。**三是实行红白事报备制**。全村无论谁办红白事，都要向村红白理事会进行报备，没人能搞特殊。去年全村报备红事9起，白事18起。**四是村监督委**

落实监督。村监督委员会强化监管，对存在的问题及解决不了的事项，及时向村委汇报，村委根据事件情节轻重，联合乡执法队、派出所依法纠正或打击。

驻马店正阳县彭桥乡大刘村村规民约

三、发挥"一约五会"作用，引导群众移风易俗

一是成立自治组织。成立了红白理事、村民议事、道德评议、禁毒禁赌、人民调解五个理事会，制定了村规民约。"一约五会"成立后，通过村委提名推荐、群众选举的方式，产生了五会会长，明确其职责和任务。**二是明确责任分工**。实行分片包网格制，18个自然村全部分包到五会会长，确保不留空当。五个会长实行联合办公，定期与会长们开会沟通，并检查督促五个会长的工作。**三是制定奖励机制**。村委为五会会长每人每月发放100元务工补助作为激励基数，再根据支部考评最终确定奖励金额。并对他们年终考评，选评先进进行奖励，去年五会会长全部被评为优秀共产党员。**四是发挥引领作用**。支部让"一约五会"成员全程参与支部、村委扩大会，发挥五会成员作用。由于村两委管理措施得当，奖励机制到位，五会会长全年发放移风易俗宣传资料、倡议书1 000多份，当好义务劝导员。先后禁赌20多场次，踏查大烟100多棵，调解民事纠纷56场次，做通不想火化户工作1家。

驻马店市正阳县彭桥乡大刘村发放移风易俗宣传单

四、选树先进典型，深化模范带动效应

一是精神文明表彰引领风尚。多年来，大刘村每年都要举办精神文明表彰大会，表彰卫生文明户、五美庭院、好婆婆、好媳妇、好丈夫、好邻居、好乡贤、优秀共产党员、优秀村民组长和勤劳致富户。村里受表彰人员已达210人户，占总户数的20%以上，这些先进潜移默化地传播着正能量，影响和鞭策着落后者。二是文体活动大赛增强底蕴。举办文体活动，如篮球、象棋，广场舞曾多次在县、乡获奖。军人之家、老年之家、文化书屋等场所，已成为村民休闲、读书、娱乐、健身的活动中心。同时，积极利用九九重阳节、三八妇女节、八一建军节等节日举办饺子宴、茶话会、座谈会、赴宴会，进

驻马店市正阳县彭桥乡大刘村举办精神文明建设表彰大会

一步活跃群众文化生活。**三是堡垒坚强有力凝聚人心。**2021年"99公益"捐款村支部只发了一条信息，9月份的7、8、9日三天时间全村捐款人数达618人，捐款51 288元，农户捐款率达到65%，充分彰显了村民崇尚科学、勤劳致富、奉献爱心的高尚情操，同时也彰显了支部的号召力。

通过上述措施，正阳县彭桥乡大刘村移风易俗扎实推进，社会主义核心价值观深入人心。全村无一土葬、无一大操大办、无一高价彩礼、无一刑事案件发生，积极向上、文明礼貌、团结互助、崇尚科学、勤劳致富的良好风尚已经形成。

深挖乡风文明特色　为乡村振兴铸魂
——建安区五女店镇茶庵李村移风易俗典型案例

实施乡村振兴战略，是全面建设社会主义现代化国家的重大历史任务。推动乡风文明是实施乡村振兴战略的重要内容。2022年，五女店镇茶庵李村积极推行"三员"工作机制，通过深挖本土特色"舍"文化资源，厚植乡村底蕴，激发乡村活力，为茶庵李村乡村振兴提供精神支柱和文化滋养，文化"软实力"成了乡村振兴的"硬支撑"。

五女店镇茶庵李村舍茶亭

一、推行"三员"工作机制，助推乡风文明

（一）组队伍、明职责

茶庵李村在党委政府的大力支持下，组建村级乡风文明服务队伍，建立"三员"工作机制，免费为村内群众提供公共文化服务。"三员"工作机制即村支部书记担任文化管理员，为第一责任人，全面负责村内公共文化活动的

开展；村配备专职文化协管员，为直接责任人，承担开展公共文化活动的具体工作；邀请村内退休老教师、老党员、老干部、文化志愿者等"五老"人员担任文化辅导员，为间接责任人。村级公共文化服务队伍的组建，为加强农村公共文化建设促进乡风文明提供了坚强的人才保障。

（二）建制度、重管理

在建立"三员"工作机制的基础上，茶庵李村不断改进和完善村级公共文化服务队伍管理机制，细化工作责任，明确目标任务，有条不紊地组织开展村内文化创建活动。立足于村情实际，加强对村级公共文化服务队伍的培训，邀请上级文化部门进行业务指导，尤其是在茶庵李村打造出一支业务精通、工作扎实、乐于奉献、充满工作热情的工作队伍，为村内开展了一系列有氛围、有亮点、有效果的文化活动。不仅拓展丰富了文化服务内容，繁荣活跃了群众文化生活，也大大提升了茶庵李村对外形象和村庄品味。

（三）抓服务、求实效

村级"三员"公共文化服务队伍利用综合文化服务中心广泛开展群众性文体活动。举办广场舞比赛、快乐星期天、象棋比赛、篮球比赛等，极大丰富了村内群众的文化生活；积极开展"好婆婆""好媳妇""星级文明户"等创建活动，引导群众发扬乐善好施、帮贫济困的传统美德，通过一系列活动的开展，村民们行为习惯开始改变。喝酒打麻将的人少了，跳广场舞锻炼的人多了，小孩玩手机看电脑的人少了，看书阅读的人多了，悄然兴起的文明之风正改变着茶庵李村村民的生活。

五女店镇茶庵李村文化舞台

二、挖掘优秀乡土文化，弘扬时代新风

相传明末清初，此地一片荒芜，称"谢湖坡"。有李氏兄弟自大坑李村迁居于此，开荒种田，务农为生。当时，许州通往鄢陵的官道横穿谢湖坡，此地前不着村后不着店，李姓兄弟便设庵施茶，方便行人，后李氏一族在此繁衍生息，遂成村落，后人感念李氏兄弟，便称此村为茶庵李村，村名沿用至今。茶庵李村坚持继承与创新相结合，加强文化遗产传承，延续乡村文化血脉。

（一）挖掘传统文化魅力，丰富乡村文化底蕴

加强对乡村优秀传统文化挖掘、整理力度，充分发挥其在凝聚人心、教化群众、淳化民风中的重要作用。借助现代科技手段、现代文化创意设计表现乡村传统文化，极大丰富了村内群众的精神文化生活，同时注重"茶""善"文化的培育，传扬崇德向善的传统美德，通过一系列活动的开展，逐步形成了茶庵李村特有的文化氛围，为营造温馨和谐的文明村庄做出了贡献。

（二）挖掘"茶"文化魅力，打造旅游名片

利用茶庵李村历史悠久的"茶""善"文化，将"茶""善"元素融入民宿建设中，打造极具特色、具有农家乐功能的风情民宿。茶庵李村的三横十一纵的街道用茶名命名，农户可设"品茶居"，开发茶艺项目，让游客自己烹茶、品茶，传承茶文化；另一方面，可利用优美的环境，积极探索与园林企业合作，设置露天茶座、生态花园、天然鸟林等室外休闲娱乐项目，让游客在优美的生态环境中尽情享受田园风光。体验式乡村度假旅游更加具有乡愁味道，既解决了当地村民的就业，又为土地流转的村民增加收入，同时促进了一二三产业的联动发展。

（三）提升人居环境魅力，留住农村乡愁

坚持因村制宜，一村一韵的原则。合理规划村内建设，遵循自然生态，保护古树、老建筑等，保留乡愁记忆，突出"茶""善"特色，修缮"舍茶亭"。开展村庄环境综合整治活动，对村内三纵十一横道路进行改造和绿化，栽植大叶女贞4 000余棵，梨树、杏树、石榴树1 500余棵；全面实施户厕改革，整改207户，推行无害化水冲式卫生厕所，提升群众居住品位；建设小型

垃圾中转站1个，配备专职保洁员，制定环境整治长效保洁机制。村内实现了亮化、绿化、美化，有效地改变了脏、乱、差现象，村容村貌焕然一新。"让城市回归农村，让农村留住乡愁"成为现实。

茶庵李村品茶居

三、健全乡村公共文化服务体系，丰富群众文化生活

（一）对标达标，不断提升创建标准

按照市、区创建公共文化示范区的标准，立足于村情实际，整合村内现有资源，着力解决"场地、人员、资金"问题。一是解决场地问题，做到"六有"：有固定场所、有固定人员、有活动设备、有档案资料，有制度版面，有门牌标识，积极打造集教育培训、党员活动、便民服务、文化娱乐等五大功能为一体的综合文化服务中心；二是解决人员问题，由村支部书记兼任管理员，村文书兼任协管员，聘请知名人士为指导员，为群众提供无偿服务；三是解决资金问题，采取"政府组织、社会捐助、村内自筹"的思路，即政府投一点、群众捐一点、爱心人士捐一点来充实文化服务中心。建成后的综合文化服务中心既满足了群众日常文化生活的要求，又弘扬了社会主义新风尚、新道德，在乡村振兴中发挥着积极的作用。

（二）设施完善，丰富群众文化生活

在上级相关部门的精心指导和大力支持下，茶庵李村综合文化服务中心

广泛开展群众性文体活动，丰富了村内群众的文化生活，逐步形成了茶庵李村特有的乡风文明氛围。**一是打造与村内茶文化相结合的图书室。**拥有各类图书1400多册，基本满足了群众对科学技术和文化知识及致富信息的需求，群众在阅览图书的同时能够品茶喝茶，使村内的茶文化得到传承。**二是建设多功能教室。**有音响设备1套，为群众提供文艺骨干培训、就业技能培训等，深受群众喜爱。**三是完善数字资源室。**备有2台电脑，方便群众上网查阅资料、观看红色影视及广场舞教学视频等。**四是文化活动室配备齐全。**象棋、篮球、乒乓球等文体活动器材供群众使用，丰富群众业余生活，增进健康，促进全面发展。

（三）发挥作用，促进乡风文明和谐

村级综合文化服务中心的建成使用后，群众经常不约而同地到图书阅览室看书，到文体活动广场跳舞，到健身场地锻炼，到宣传栏前读报，到文化活动室里吹拉弹唱自得其乐，或找来队友打一场篮球或乒乓球友谊赛，村民之间的接触、走动变得频繁，邻里之间的交流、了解变得透彻，过往积累下来的矛盾在频繁的接触中开始化解，互不相让的心结在慢慢的交流中开始化解，"一笑泯恩仇"的事例越来越多，邻里变得和睦了。茶庵李村连续多年实现了信访事项零纪录，群众的幸福指数、和谐指数进一步提升。

下一步，茶庵李村将立足于本土的茶文化，以习近平新时代中国特色社会主义思想为指导，按照"产业兴旺、生态宜居、乡风文明、治理有效、生活富裕"的总要求，坚持党建引领，发挥资源优势，全面推进产业融合发展、综合环境整治、乡风文明培育、基层治理提质、农民增收促进。

总的看，乡风文明是实施乡村振兴战略的重要保障。乡村振兴在"强体"的同时，更要"铸魂"，坚持精神文明与物质文明一起抓。许昌市建安区五女店镇茶庵李村挖掘本土的"茶"文化，以习近平新时代中国特色社会主义思想为指导，按照"产业兴旺、生态宜居、乡风文明、治理有效、生活富裕"的总要求，坚持党建引领，发挥资源优势，全面推进产业融合发展、综合环境整治、乡风文明培育、基层治理提质、农民增收促进，着力打造产业兴旺有"市值"、生态宜居有"颜值"、乡风文明有"素质"、治理有效有"机制"、生活富裕有"品质"的可复制、可推广的乡村振兴模式。

推动移风易俗　树立文明乡风

——新郑市山陈村移风易俗典型案例

近年来，山陈村把"反对铺张浪费、反对婚丧大操大办、反对封建迷信、打击黄赌毒，树立文明乡风"作为重要内容，倡导科学文明，健康向上的生活理念；倡导勤劳致富，勤俭节约的优良传统；倡导诚实守信，尊老爱幼的道德风尚。突出党员干部带头和村民自治，进一步使乡风民风美起来。

如今红白喜事比阔气排场的少了，厚养薄葬、喜事新办丧事简办的多了，搞封建迷信的少了，生活方式科学文明健康的多了……文明乡风沐浴下的山陈村社会风气愈加良好。

党员会议研究推进移风易俗工作

一、党员干部带头，党风政风带民风

在党员活动日和组织生活会上，要求党员干部签订承诺书，做"移风易俗"的表率，为群众作出示范引导，同时作为基层党建、党风廉政建设等工作的重要考核内容，对违反规定的党员干部，按有关规定给予严肃惩戒。

二、村民自治，村规民约倡新风

群众是移风易俗工作的主体对象。树立文明村风必须发挥群众的主体作用。为此山陈村修订完善了村规民约，成立红白理事会、村民议事会、道德评议会、禁毒禁赌会、孝善理事会，并推选合适人员担任会长。通过组织群众有针对性地修改村规民约，为红白事划定了合理的标准，做到可执行、可操作、可监督、可检查。"一约五会"制度的完善，使得山陈村移风易俗工作有据可依、有理可循。

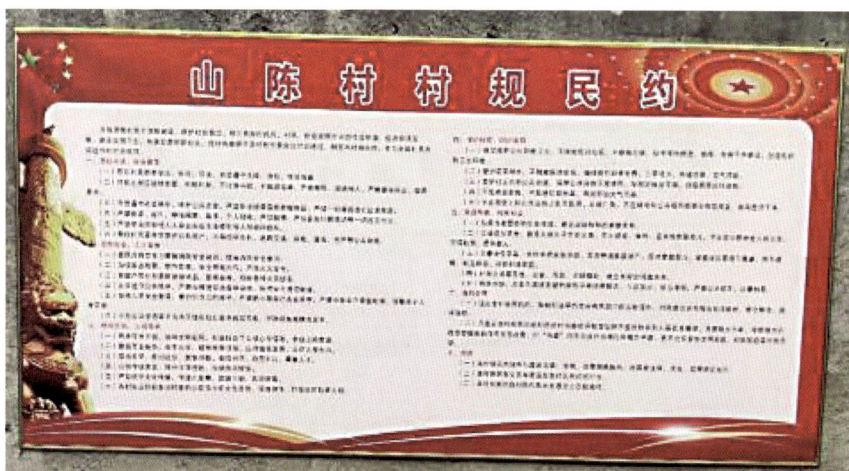

"一约五会"制度上墙

三、明确导向，宣传教育凝共识

山陈村通过十星级文明户、好媳妇、好婆婆等创评活动协调推进移风易俗工作。并利用悬挂条幅、大喇叭、微信群等方式加大宣传教育力度，推动移风易俗、树立文明村风成为大家共识。

2022年春节期间，正值北京冬奥会开幕，山陈村村民侯佳豪登上了管委会"热搜"，作为北京冬奥会综合形象体系设计的首席设计师，获得成功，并在央视接受采访，他的成功成为其父母和家乡人的骄傲，给年轻人树立了榜样。此时有人给他家人提议，趁着过年在家的人多，邀请歌舞团到村表演庆祝一下。村委会得知消息，第一时间联系其父母，劝其打消这种想法，同时与具茨山管委会党委商议开展表彰活动，为其家庭送去锦旗和奖状，表扬其为家乡增光添彩，村里组织文艺表演队义务演出送去祝贺，不同的处理方式得到了村民的好评和上级的认可，激发了年轻人奋发图强干出一番事业的信念。

具茨山管委会领导为侯佳豪家送锦旗和奖状

从2019年至今，山陈村每个月都会把70岁以上当月农历生日的老年人聚在一起过集体生日，唱生日歌、切蛋糕、吃长寿面、披红围巾、举行文艺表演、发放礼品等，其乐融融。这样的孝道文化活动，既弘扬了中华民族传统文化，又让村里的下一代感同身受，形成崇尚孝德孝行、尊老敬老的良好风尚。不管社会如何进步，经济如何发达，这种美德什么时候都不能丢。

为过生日的老人披红围巾、致祝词

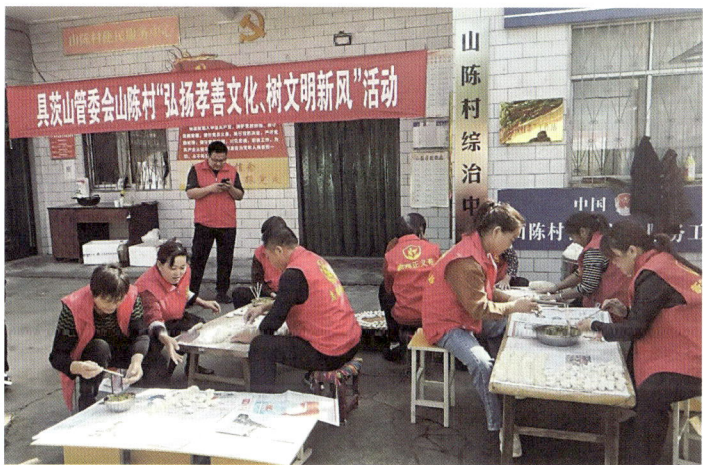

志愿者为老人包饺子

移风易俗，彰显社会进步；乡风文明，淳美和谐家园。随着移风易俗工作的推进，山陈村群众自觉摒弃陈旧落后思想观念，反对铺张浪费，破除封建迷信，革除陈规陋习，营造文明健康向上的良好社会环境，促进全村风气进一步好转。

　　制度引领包括选举村主任、村规民约、村务公开、民主监督等制度，上述六个案例正是紧扣"用制度管长远、管根本"等行稳致远的方法，使移风易俗工作纳入制度的框架中。启示有四点：**一是村民选举与移风易俗挂钩**。选举那些公道正派、作风优良的先进分子担当负责人，就使移风易俗工作有了"领头雁"。**二是村规民约与移风易俗挂钩**。将大家约定俗成的做法用制度的方式加以固定，成为农民群众共同遵守的准则。**三是村务公开与移风易俗挂钩**。将优秀道德规范、公序良俗、文明习俗作为村务公开的重要内容。**四是民主监督与移风易俗挂钩**。将村两委干部的工作作风、家庭作风、生活作风置于广大农民群众的监督之下，这实际上是将权力的"老虎"关在了制度和监督的"笼子里"。

治理引领型

乡风文明之河南行动

导
语

　　古语说，徒法不足以自行。如果说制度是制度本身的话，那么治理就是对制度的运作和执行。这一类型的移风易俗典型案例，**主要做法**，将乡村综合治理与移风易俗结合，推进殡葬改革、树立文明新风，推进孝道文化、倡导尊老爱幼，防止大操大办、减轻农民负担，将移风易俗与产业兴旺、生态宜居、乡风文明、生活富裕结合起来，并与乡村治理有机衔接，使移风易俗置于乡村全面振兴和农业农村现代化的框架之下，农民群众幸福感、获得感、安全感同步增强。主要成效，由于乡村综合治理的引领，农民群众在有活干、有钱赚的基础上，对移风易俗的决心和信心都有了进一步增强，农民由衷拥护移风易俗，这比单方面突进效果更好。

加快推进殡葬改革　树立文明殡葬新风

——淇县北阳镇青羊口村移风易俗典型案例

青羊口村位于淇县北阳镇西部，2014年被定为省级贫困村，2017年底脱贫摘帽。全村总面积约2.8平方公里，总人口137户，579人，党员26人，脱贫户23户，92人。近年来，青羊口村各项工作稳步推进，先后荣获市乡村振兴示范村、淇县先进基层党组织、淇县高质量发展先进村、全县人居环境整治二等奖等称号，村党支部书记裴飞翔被评为淇县三级明星党支部书记。

殡葬是重要民生事项，党和政府高度重视，社会广泛关注。推行殡葬改革，抓好移风易俗，倡导文明新风是社会主义精神文明建设的一项重要内容。近年来，在北阳镇党委和政府的正确领导下，青羊口村坚持疏堵结合、以疏为先，不断加强领导、强化措施，攻坚克难，殡葬管理和改革工作取得了一定成效。

一、提高站位，树立目标，凝聚管理力量

青羊口村两委严格落实上级关于殡葬改革的工作要求，及时召开村两委会议学习传达上级会议精神，结合本村实际研究殡葬改革推进工作，成立了以村党支部书记、村委会主任牵头的青羊口村殡葬改革推进小组，制定了《青羊口村殡葬改革工作实施方案》，并将该工作纳入村里的年度工作目标，村党支部书记、村委会主任为第一责任人。按照落实责任、分工协同、齐抓共管的原则，实行干部包片、党员结对、代表分包的三级管理网络，汇聚全村力量，共同做好殡葬改革工作。

89

二、完善民约，强化组织，充分发挥作用

青羊口村充分发挥村民自治作用，按照上级要求，考虑本村情况，酝酿并多次召开了村民代表大会，就殡葬改革工作进行调查和研究，成立了由党员干部、群众代表、乡贤等组成的红白理事会，并将殡葬改革工作纳入村规民约。充分发挥红白理事会作用，凡有白事或周年活动，红白理事会全程参与和监督，从物品购置、埋葬方式、礼金标准等多方面进行引导和指导，全面破除铺张浪费、土葬等旧习。引导村民遵守村规民约，通过积分管理、兑换物品等方式推进殡葬改革。2021年以来，共火化3人，火化率100%，礼金降幅达到50%。

三、摸清底数，掌握信息，积极争取主动

青羊口村积极组织开展信息摸底工作，重点排查60岁以上老年人数量，建立了青羊口村老年人管理台账，准确掌握老年人底数，并根据老年人摸排情况，筛查出大病、重症慢性病、重度残疾等人群，并建立档案，依托三级管理网络加强管理，跟踪监管人口变化，确保及时发现问题及时跟踪处理，在殡葬改革工作上争取主动权，确保殡葬改革工作持续稳定推进。

四、突出重点，一户一策，确保政策落实

在工作中，有个别事主不支持殡葬改革工作，执意进行土葬。青羊口村两委针对这种情况，建立了重点工作台账，实行"一户一策"管理，由村干部进行"一对一"协调。协调难度大的，由多个干部共同协调，并实行24小时监测，防止出现私自土葬等现象。同时，对实行火葬的事主，给予一定的火葬费补助，解决事主后顾之忧，激发事主支持火葬的积极性，确保殡葬改革政策全部落实到位。2021年以来，青羊口村已累计发放火葬费用补助6 000元。

五、强化宣传，营造氛围，争取群众支持

青羊口村积极开展殡葬改革宣传工作，通过召开村两委会议、动员会、党员大会、村民代表大会等各种会议，认真宣传殡葬改革有关政策，发放宣传材料500余份，置挂固定布标6幅，在村委会外墙、主要街道等处书写固定标语3处，并不定期通过村大喇叭宣传殡葬改革。同时，多次召开红白理事会、事主座谈会，说明殡葬改革意义及好处，推行火葬等绿色殡葬方式，争取事主理解和支持。通过党员带头、群众支持，争取殡葬改革政策做到家喻户晓、人人皆知，让广大群众理解、参与和支持殡葬改革工作。

六、党员带头，加强教育，树立文明新风

党员干部带头是殡葬改革的关键。在殡葬改革工作推进中，青羊口村积极发挥党员先锋模范带头作用，组织党员全面参与，并要求党员做到"三不三积极"：不做违反殡葬改革的事，积极参与全力支持；不传播与殡葬改革相悖的言论，积极做好亲属和周围群众的思想工作；不做有损党员干部形象的事，积极在殡葬改革中走在前列。通过党员干部带头，引导群众积极参与。同时，大力提倡和推广火葬等安葬形式，大力制止丧葬中出现的封建迷信活动、大操大办行为，对扰乱社会秩序、危害公共安全、乱设灵堂、抛撒冥纸、随意燃放鞭炮等扰民行为以及丧事违法演出等，报请上级有关部门严肃处理。通过正面宣传和反面曝光相结合，使广大村民自觉树立移风易俗、文明治丧的新风尚。

七、建立制度，长效管理，持续推进改革

建立长效机制。实行死亡人员信息日报告制度，村干部和民政协管员发现亡故人员，主动上门核实，第一时间报告，坚决杜绝瞒报、漏报等情况发生。明确村级网格员的监管责任，规定村干部所负责网格发现一例违规偷埋，

扣发当月工资，发现第二例，视情形给予停职、免职、责令辞职处理。建立信息比对制度，加强与北阳镇民政所、人社所衔接，将信息摸排等工作与80岁高龄认证、60岁养老认证工作相结合，双向织密信息网络，确保信息无错漏。

倡树孝道文化　促进文明乡风

——兰考县三义寨乡白云山村移风易俗典型案例

近年来，开封市兰考县三义寨乡白云山村坚持以"孝"治村，倡导乡风文明从尊老敬老开始，将"孝道"作为强村富民之本，完善文化基础设施，开展文化活动、弘孝道、扬孝义、践孝行，孝德文化日益深入人心，促进了乡风文明，把一个名不见经传的空壳村、贫困村改变成一个现代化的美丽乡村。现今，该村被兰考县委县政府授予"稳定脱贫奔小康红旗村"和"美丽村庄红旗村"。村支部书记陈保超也荣获"河南省脱贫攻坚先进个人""开封市劳动模范""开封市优秀共产党员""兰考四星村党支部书记""学习弘扬焦裕禄精神好干部"等荣誉称号。

一、从穷破小到产业特色村的蜕变

2018年，白云山村进行村两委换届选举。乡政府要挑出"双强"（致富能力强、带动能力强）干部带领村民致富，彻底改变白云山村的落后面貌，有人推荐了在外创业有成、热心公益的乡贤人士陈保超。沟通后，陈保超爽快地答应了。他说，每次回来，看到破破烂烂的村庄和过着穷日子的乡亲，心里很不是滋味儿，想为家乡办点实事。小时候家里很穷，为减轻家里负担，开始去外地创业，如今有所成就，就该通过自己的努力回馈家乡的恩情。

白云山村交通条件落后，村集体经济几乎为零，陈保超看在眼里、急在心里，决定上任第一件事就是解决村里的产业难题。他自费带领群众多次到山东寿光参观学习，回来后决定大干一场，将全村1 700亩地全部流转到合作社，计划建设温室大棚种植番茄。38座大棚要投资400余万元，陈保超多方筹措资金，贷款不够就把自家的钱垫上。要想群众富，必须把他们纳入产业发展链条中。可是，承包一座大棚一次性投入近10万元，担心效益不好把老本赔进去，群众纷纷往后退。咋办？白云山村召开党员大会，号召党员带头承包，15名党员认领大棚28座，陈保超包了10座。党员心里也是有谱的。正在大棚里采摘番茄的陈勇回忆说，"村里保证番茄苗有来路，生产的番茄有出路，农业专家全程技术指导，还有啥不敢干的！"他一下子认领了两个大棚。那一年，每座大棚净利润8万多元。这下，"要我干"变为"我要干"。在群众的强烈要求下，村里相继建设了二期、三期温室大棚。如今，165座大棚鳞次栉比，500万公斤的年产量也让白云山人在番茄市场上有了议价权。同时，村里还引进两家投资2000万元以上的企业，带动170多人就业。2019年，白云山村摘掉了贫困帽；2021年，村集体经济收入达到53.1万元。

二、从脏乱差到靓富美的转变

虽然村里老百姓日子好过了，但是村里风气并没有随之发生大的转变。村子里仍存在人情攀比、高价彩礼、厚葬薄养的现象，卫生习惯也差，垃圾随意倒在路边、水塘边，村里环境脏乱差。

为改变村容村貌，白云山村把"一宅变四园"（花园、游园、果园、菜园）工作与农村人居环境改善、通村入户工程、坑塘治理、垃圾清运等美丽乡村建设工作结合，村干部带头把自家院墙大门拆除，党员、教师、退伍军人、退休干部也纷纷积极参与美丽乡村建设。不愿拆除自家院墙的村民看到后，自愿退界3～7米，拆除大门312处、院墙33 072平方米、配房9 340平方米，拆墙透绿后，整合村集体宅基地3.2公顷。拆出空地归集体所有，种植果树和苗圃等经济作物，收益由村民和村集体分成，这样既壮大了集体经济，又促进了群众增收。如今，白云山村一派"树绿云深处，田园满花香"的景象。

三、从精神洼地到文明新村的涅槃

村民口袋里有钱了，村容村貌改善了，但个别村民存在的一些陋习却没有完全改掉。村两委刚上任时根本没法正常开展工作，整天忙着处理邻里纠纷、婆媳不和等大小事务。那时候村干部有三"怕"：进家，怕村民堵门反映问题；起床，怕见告状的人；村里办红白事，怕有人闹事。村干部深深地感到，这种不良乡风已经严重地阻碍了村子的进一步发展。追根溯源，找到症结所在：大伙把代代相传的崇孝重德的传统给丢了。村干部开会研究，请来一些文化人当参谋、出点子，大家一致认为，要想改变不良乡风，摈弃陋习，首先要从民风抓起，从宣扬孝道、尊老爱幼入手。

为把改善民风落在实处，村里打造创建乡村"文化墙"和老年幸福中心。形成创建文明乡村绚丽的风景线。"文化墙"围绕邻里和谐、未成年人教育、文明礼仪、崇尚科学等多个主题设计，积极发挥着宣传引导作用。开展好婆婆、好媳妇、好妯娌、新乡贤、美丽庭院、文明户的评选工作，组织每月一次的"快乐星期天孝老爱亲饺子宴"等活动。

老年幸福中心刚打造好，就成了白云山村人气最旺的活动区。在这里，人们不仅可以休闲娱乐，还可以接受孝道的文化熏陶。白云山村每月选取好婆婆、好媳妇给大家讲经验、说做法，同时又利用党员活动室、矛盾调解室、图书室等阵地，先后开展孝道文化论坛、国学课等活动；每个季度评选好媳妇、好婆婆、美丽庭院、文明户，建立好人好事记录档案，把群众评出的先进典型张榜公示。通过一系列的举措，全村上下营造出传承孝道文化、学习先进的良好氛围。

白云山村村民陈松波说，以前觉得父母对孩子好是应该的，因为小事与父母吵架，常常任性得几个月不回家看望他们。自从学习传统文化后，他开始反思和改变。如今，一家人相处融洽，生活中他也用一颗感恩的心去对待他人。很多村民也有同样的感触，村里大力提倡孝老爱亲后，吵架骂人现象基本绝迹了，邻里之间红脸的越来越少了，婆媳不和的不见了。

四、从天价彩礼到"素婚"主义盛行

每年春节是白云山村妇联主任刘多最忙的时候。"春节期间不少在外务工的青年回了村，父母都忙着给孩子张罗对象，我们可忙呢。"今年36岁的刘多是三义寨乡公益红娘志愿服务队的一员。这支队伍以全乡行政村的妇联主任为主力，如今已经有30多名队员。孩子找对象，她们负责配对联络；村民办喜宴，她们全程主持张罗。提供志愿服务的同时，"红娘"们还肩负一个重要的任务——向村民倡导婚事新办的文明新风。

"过去村里人结婚习惯大操大办，车队、酒席、乐队一个都不能少，街坊邻里互相攀比，形成了铺张浪费的风气。"刘多说，"我们把宣传融入服务，既帮老百姓办事，又引导他们转变观念"。经过两年多的努力，农村婚事大操大办的风气得到了很大改变。"谈婚色变"的家长们现在的心理负担小了很多。做一锅烩菜，请几桌亲朋，酒席变成大锅菜，乐队换音响，高档婚车也换成了自家的小轿车。农村婚事少了铺张浪费，但祝福从未改变。

五、经验总结

古人说：仓廪实而知礼节。用现代语言来说就是，物质文明发展了，就会带来精神文明的进步。但实践告诉我们，物质文明的丰富未必就能带来精神文明进步，群众富裕不一定带来乡风改善，乡风文明必须主动作为方有成效。白云山村就是这样的典型。

上善若水，厚德载物。"德善"二字，以德为本，以善至美，白云山村立足村情，把德善文化作为抓手，从细微处着手，从身边事做起。利用"文化墙"和老年幸福中心等阵地举办孝道讲座，定期评选好媳妇、好婆婆等先进模范、举办"零彩礼"素婚活动。这些主动作为，让社会主义核心价值观落到了实处，形成了移风易俗新风尚，提升了文化软实力，为乡村振兴注入了"文明力量"。

白云山村的实践还进一步说明，"给钱给物，不如给个好支部"，一个村只有建立起一个好的党支部，才可以带动乡风文明。以乡风文明之"魂"引乡村振兴之"路"，实现乡村经济的持续发展和农民的持续增收。物质文明搞好了，反过来可以为乡风文明的发展打开空间。白云山村通过乡风文明建设实现了善治，在全村上下培育了文明乡风、良好家风、淳朴民风，展现了乡村文明新气象。

由此可见，乡风文明搞好了，会对经济发展形成驱动力，物质文明和精神文明才有可能发生同频共振。因此我们说，乡风文明是乡村振兴的重要组成部分。厚植乡风文明，方可助力乡村振兴。

白云山村一宅变四园之一

白云山村一宅变四园之二

白云山村老人集体过生日

白云山村饺子宴文明户评选

白云山村好媳妇、好婆婆评选

摒弃大操大办陋习　移风易俗解锁"新姿势"

——通许县邸阁乡标台村移风易俗典型案例

标台，是豫东平原一个典型古村，公元16年王莽赶刘秀，在此立旗标搭建演武用的战台，故得此名。标台村隶属河南通许邸阁，位于邸阁乡东南部，距乡政府2公里，辖1个自然村，5个村民小组，户籍人口2102人，耕地面积2973亩。标台古来风清气正，村东大杨树，乃古村地标，历经数百载风雨，老干琼枝、遒劲坚挺。一直以来，该村仍保留着一个习俗：村中大事均在此商定。近年来，标台为破除村里的陈规陋习，通过调整、修订村规民约，探索农村社会治理新途径，在移风易俗上持续发力，不断培育文明乡风、淳朴民风。标台村先后获得了通许县基层党建红旗村、文明美丽红旗村、开封市文明村、开封市卫生村、开封市森林乡村、开封市推进乡村振兴优秀村等荣誉。

一、治理大操大办见成效，古村吹来文明风

"朋友新店开业，要跟以前，又得准备份子钱，但现在不用愁了，大家都不办开业宴了。"谈起《村规民约》给村里带来的新变化，标台村村民刘纪明拍手称快。该村结合实际，以群众反映强烈的红白喜事大操大办为切入点，进一步调整、修订《村规民约》，反对铺张浪费，倡树文明新风。

（一）《村规民约》探索基层治理新路径

"以前没有约束，村民随便找个理由就办起了酒席，其目的就是为了收'人情'"。村民高好平说，不少村民饱受"人情"之苦，在外辛辛苦苦打工挣了钱，回家风风光光消费全花完。酒宴风的盛行，让不少群众很是头疼。2018年2月，村两委班子应势而动，召集党员和村民代表在村东大杨树下研究制定了《标台村关于治理大操大办酒席管理办法》（以下简称《办法》），明

确规定：操办婚事仅限于直系亲属、本人及子女，操办白事仅限父母、岳父母、配偶、子女及其供养的直系亲属，且禁止参与红白事以外的酒席宴请。与此同时，《办法》还对礼金数额进行了明确，要求不得超过200元。

随后，标台村按照《办法》规定，通过广泛征求群众意见建议，及时召开党员、群众代表大会，将制止大操大办相关规定写入了《村规民约》，确保干部管理有依据、村民遵守有章程。有了《村规民约》，如何让村民都来遵守，标台村在改革中创新，摸索出了一套行之有效的办法。

（二）《村规民约》约出文明新风

一是成立红白理事会。成员由村党支部、村委会成员，各村民小组组长，村内德高望重的老党员和群众代表组成。制定理事会章程，明确红白理事会的职责和任务，操办红白事宜的具体原则、管理制度及相关纪律，从制度上规范了村民的红白喜事。

二是坚持抓"关键少数"和管"绝大多数"相统一。群众看党员，党员看干部。"要想遏制大操大办陋习，村里的党员干部必须起到示范带头作用。"包村领导陈秀红说。为了制止本村党员干部操办和参与酒席，全村党员干部均签订承诺书，不仅不能带头办，而且不能参与。另一方面，标台村坚持加强正面宣传和教育引导，大力倡导"喜事新办、白事简办、其他不办"，引导群众树立正确价值导向，从根本上转变了干部群众的传统观念，获得了大家的理解、支持和参与，实现了移风易俗的长效化。

三是探索将制止大操大办与厨师、饭店食品卫生安全监管相结合。对本村辖区内办农村酒席的厨师、饭店进行全面登记造册，制订酒席简办规定和培训方案，并让他们签订承诺书，不仅确保了食品卫生安全，还有效制止了厨师、饭店参与大操大办的不文明行为。

二、破除大操大办陋习，重在持之以恒

遏制酒席攀比风，狠刹高额人情风，对于村民来说，就怕移风易俗"一阵风"。标台人好客是有传统的，但随着生活水平的提高，好客变为铺张浪费，人情变成负担累赘，更有甚者索性把"办酒"当作敛财的平台。生个孩子，办了"满月酒"，接着办"百日酒"，再接着办"周岁酒"……对此，不

少群众苦不堪言。提起如此"作兴"，群众更是目瞪口呆。

有人说，此风非刹不可！也有人说，此风能刹得住？

但标台村支书高好彦认为，只要持之以恒，移风易俗也能"习惯成自然"。2018年制订《标台村关于制止大操大办酒席风管理办法》以来，当时也引起了一些争论，尤其是"党员、干部不得操办生日、升学等喜庆事宜，也不得参与非亲人员的喜庆酒席"，不少群众不以为然，怀疑能不能落实。但3年过去了，不仅没听说有党员干部操办乔迁宴、满月宴等"杂牌酒宴"，一般群众也不再办如此酒宴了。这说明，只要持之以恒，好的风俗亦能相沿成习。

为防止铺张浪费卷土重来，标台村严格按照《办法》办事，严格按照《村规民约》办事。党员刘东辉说："如果此风回潮，你大操大办了，收得多了，天下没有免费的午餐，人家也会大办、收得更多，到头来恶俗反倒一年比一年严重！"

所以，破除大操大办陋习，重在持之以恒。至于怎样持之以恒？除了大力倡导，除了党员带头，还须每个人从我做起，从现在做起，挡得一拳出，免得百拳来！

同时，依托文明实践站，通过线上、线下相结合的方式，定期组织开展星级文明户、好媳妇、好婆婆等评选活动，共评选出先进典型20余人。同时深入挖掘移风易俗典型故事，让典型走上讲台，走进群众，用身边人、身边事教育群众，引导群众除陋习、树新风，净化社会风气，养成良好习惯。

三、摒弃大操大办陋习，移风易俗解锁"新姿势"

在刹住大操大办陋习的同时，如何倡导新风尚？标台村进行了积极探索。通过发挥村民自治作用，标台村坚持用《村规民约》引导村民喜事新办、白事简办、其他不办。

（一）凭"三证"办理宴席

标台村《村规民约》规定，村民凭"三证"（出生证、结婚证、死亡证）才可以向村委会申请办宴席，且规模不能超过15桌。同时，像考大学、参军、订婚、开业……这些都不能再办宴席。村民代表选举出红白理事会成员，监督村内婚丧喜庆事宜的全过程，通过操办前备案，操办中参与、核实，操办后记录，实现村民间的自我监督。

标台村87岁老人刘文合说："按照老风俗，也就添孩、结婚、去世这人生三件大事可操办，像乔迁、订婚、开业都是后来兴的，村里要求凭'三证'办理宴席，最起码老传统照顾到了，乱七八糟的去掉了，我认为挺好！"

（二）用生日蛋糕代替办寿宴

"办寿宴是一种铺张浪费，也容易形成攀比的风气，有这个钱还不如花在小孩的学习上、生活上。"标台村的老党员刘文庆是这样说的，也是这样做的。去年10月25日是刘文庆老人的80大寿，标台村两委干部和红白理事会成员一起上门为他送上生日蛋糕，开展了一次别开生面的"生日宴"。

"在老人80大寿前夕，我们就上门进行了劝导，从办宴席造成的铺张浪费、形成的攀比风气等方面进行讲解，希望老人能带头移风易俗，改变这种不良风气。"标台村支书高好彦说到，村上一直在倡导移风易俗，对村民的红白喜事，都会提早上门进行劝导。

"大家都一切从简了，没有以前那么大操大办了，这样的做法老百姓也很夸赞。"村民张体亮表示，农村的酒宴除了会造成攀比风气、铺张浪费以外，其中的人情来往也是很大的负担，如今的简化方式让大家都松了一口气。

（三）集体"送礼"免了"升学宴"

标台村以往有学生考上大学都兴办"升学宴"，大家随份子钱。可最近几年，村里统一为考上大学的学生买礼品，集体为他们开欢送会。

"过去乡里乡亲，遇到'升学宴'回回都得随份子，如今有了《村规民约》，这个陋习算是没有了。"村委会副主任刘志新说。《村规民约》就像一把"尚方宝剑"，不仅破除了陈规陋习，还渐渐树了新风尚。

（四）女儿出嫁"婚事新办"

"去年，我二闺女出嫁，我提前一周向村里报备，只邀请了自家的十几个直系血亲吃个团圆饭，拉拉家常……"在提及自己二闺女出嫁"婚事新办"时，标台村李上俊笑着说道，以前碍于面子，总认为得办得风风光光，可办事的规格越来越高，经济负担越来越重，幸亏村里有红白喜事操办标准，减少了浪费，遏制了攀比，我打心底叫好。

　　文明新风悄然兴。近年来，标台村"喜事新办、白事简办、其他不办"的做法已形成风气，成了习俗。如今，《村规民约》约出了新风尚，理事会理出了好村风，移风易俗解锁了"新姿势"。在村里"办事依靠红白理事会，红事白事不浪费"已经成为全村村民的共识。

标台村门楼

倡导文明新风的墙体标语

标台村评选出的"好媳妇"

标台村评选出的"星级文明户"

村内移风易俗墙体标语随处可见

马承均老师作词、杨名扬老师作曲的《标台之歌》

推进移风易俗　劲吹文明乡风

——辉县市孟庄镇东夏峰村移风易俗典型案例

新时代文明实践站工作启动以来，孟庄镇东夏峰村积极探索和完善"群众点单、中心派单、志愿服务队接单"的模式，坚持教育群众、服务群众，聚焦持续深化移风易俗，大力倡导婚事新办、丧事简办、孝老爱亲、厚养薄葬，在弘扬文明新风和助推乡村振兴中取得了明显成效。

一、村情简介

东夏峰村位于孟庄镇南1公里处，东临孟电大道，宏宇大道穿村而过，全村耕地954.8亩，14个村民小组，955户，3 842人，91名党员，规模以上企业6家，今年以来，村集体收入已达200万元。

二、明确责任

精神文明创建工作是实现乡风文明的重要举措，是加强乡村振兴建设的突破口，东夏峰村成立精神文明建设领导小组，以村支部书记李德印为组长，村干部及各小组组长为成员，全力推进东夏峰村的文明创建工作。制定切实可行的创建方案，确保文明创建工作落到实处。

三、亮点内容

1989年成立红白理事会，制订规章制度，统一办事标准，杜绝相互攀比，摈弃陈规陋习，让文明节俭、新事新办成为新风尚。

2011年在村南高压线下面建公墓，一期征地20亩，集中安置、管理墓地，最大化提高土地利用率。村民自愿将逝者坟墓迁入，共迁入坟墓430座，免费立碑370余块。移风易俗工作累计为群众节省不必要花费1 000余万元。

2012年至今，完善红白事办事制度，制度上墙，宣传板报上墙。

四、具体内容

辉县市四邻八村流行这样一句歇后语：东夏峰办事——没响。"没响"原来是东夏峰村率先破除陈规陋习，提倡喜事新办、丧事简办，积极推行厚养薄葬新风尚，不放烟火、不吹响器的"没响"工作。

以前村里有风俗，亲人过世，又是搭舞台、请戏班，又是放烟花，敲锣打鼓、热热闹闹地送最后一程。花费动辄数万元，劳民伤财。早几年一听说村里有红白喜事，老村长李桂江都会皱起眉头。让他着急的是，东夏峰村虽然村不大，但谁家要是有个红白事，讲究起排场来可是一点不含糊。

大操大办、铺张浪费看似表面风光，其实内心叫苦，这是李桂江的困惑，也是很多当事人的烦恼。东夏峰村两委班子意识到，要破除婚丧嫁娶大操大办等陈规陋习，需要村两委班子积极引导。为全面推行移风易俗丧事简办工作，村两委不断强化措施，倡导勤俭节约的新风尚，推动东夏峰村文明建设。1989年，经村两委多次研究决定，村里成立了红白理事会，由村党支部书记任组长，办公室主任任副组长，支委人员和村里德高望重的人员共同参与，全面监督工作落实。

为办红事家庭送告知书，并当场签约承诺书

红白理事会对婚丧喜事的宴请人数、桌数和菜品都做出了明确要求：喜事提倡一天办，嫁女前一天不装柜，车辆不得超过3辆；喜事当天宴席不得超15桌，车辆不得超10辆，随礼客一律不坐席。白事不允许扎大将军、大马，不请戏班、不搭舞台、不燃放烟花，提倡火化和入夏峰公墓等。

为了加强殡葬管理，2011年，村支部书记李德印提议、建设村公墓，村两委及党员、村民代表一致表决同意。村公墓建设一期征地20亩。征地到位后，村干部及后勤人员植柏树3 000余棵，硬化5米宽主道路600余米，村民自愿将坟墓迁入，共迁入坟墓430座，免费立碑370余块，坟前道路全部硬化，工程总投资67万元。

东夏峰村公墓建设一期

经红白理事会组长李德印多次提议，完善了红白理事会章程，2012年春，在东夏峰村两委及村民代表多次商议下，完成东夏峰村红白事办事制度，制度上墙、上宣传版面，村民自觉遵守。

精神文明展示窗

乡风文明之河南行动
——河南省农村移风易俗典型案例汇编

　　红白理事会成立后，大操大办的歪风邪气被制止了，份子钱的负担也减轻了。但是，在执行规定的时候也遇到过困难。2016年冬，一位村民的妻子病故，儿子常年在外工作，收入丰厚。儿子觉得自己陪伴母亲的日子不多，想在母亲丧事搭戏台，请戏班子，放烟花，热热闹闹地送母亲最后一程。得到此消息后，村书记李德印及时和支部委员黄金湖去做工作，劝导事主家人，最终，严格按照村红白理事会章程办理。

　　"现在，根据村红白理事会章程规定，结婚喜事村民随礼设了上限，一律随礼不坐席，不仅没让主家的面子丢掉，而且还形成了节约之风，老百姓拍手叫好。"东夏峰村红白理事会组长李德印高兴地说。东夏峰村连续多年全面实施乡村文明行动，把移风易俗作为切入点，积极推行喜事新办、丧事简办、厚养薄葬。同时，还将移风易俗内容纳入村规民约，适当简化程序、统一标准、减少花费，逐步改变了原先大操大办、讲排场、比阔气的不良风气。

村集体请戏班唱戏

　　一边刹歪风，一边正民风。东夏峰村成立精神文明工作领导小组，建立"一把手"亲自抓，班子成员分工负责的工作机制。每年组织召开多次专题会议，部署精神文明相关工作，形成党政齐抓共管、上下同心协力开展精神文明活动的良好态势。

村集体投入大量人力、物力、财力，对明末清初大儒孙奇逢讲学处——兼山堂进行文物保护维修，保护好、挖掘好奇逢遗墨，规划好、建设好夏峰遗迹，传承好、弘扬好奇逢文化，逐步让兼山堂重现历史风韵，力争将夏峰文化打造成一张靓丽名片，让文化真正成为乡村经济社会发展的助推器。建立图书阅览室、文化活动中心等，定期组织开展一系列文明活动，如春节举办新春彩会、清明节倡导文明祭祀、端午节组织包粽子等活动。过好"我们的节日"，弘扬中华民族优秀传统，丰富群众文化生活，有效地调动了群众参与精神文明建设的积极性，保持了精神文明建设的旺盛生命力。

积极开展孤寡老人、留守妇女、留守儿童、残疾人等弱势群体关爱帮扶行动。大力开展孝善敬老活动，引导村民见贤思齐、崇德向善，形成尊老、敬老、养老、爱老的良好风尚。每年常态化开展星级文明户认领、最美家庭、五美庭院、好媳妇、好婆婆等典型评选活动，引导全村群众互评互议、互比互学，并对评选出的先进典型进行表彰和广泛宣传，培育亮点，形成特色。

积极推行垃圾分类、户厕改造及强电管道、弱电管道、自来水管道、雨水管道、污水管道"五网入地"工作。并由村支部书记牵头，组织专业团队，建成厨余垃圾处理中心，设备和软件智能化、节能化，为群众打造干净整洁的宜居环境。

以民为本，践行初心。多年来坚持为全体村民发放春节福利、为全体村民免费犁耙地、为考上好学校的学生发放奖学金等多项福利，真正做到情为民所系、权为民所用、利为民所谋。

移风易俗吹来扑面新风。"我们村制订了喜事、丧事简办标准，不再像以前那样大操大办，铺张浪费，大家的负担都减轻了，也没有影响面子。移风易俗真是好！""婚事新办、丧事简办、厚养薄葬、破除迷信"的文明新观念正逐渐吹进群众心中，文明新风正在东夏峰村落地生根。

如今的东夏峰村，村美民富、乡风文明，荡漾在村民脸上的是幸福的微笑和发自内心的喜悦。下一步，将立足市场需求，突出乡土风韵，深入挖掘地方特色，大力发展乡村振兴工作。

简办婚丧顺民意　移风易俗树新风
——息县谢老寨村移风易俗典型案例

近年来，谢老寨村立足中华优秀传统文化，培育村民核心价值观，扶心、扶志、扶贫，改善了农村环境，提升了群众生活水平和精神文明素质，推动了乡风文明建设，走出一条"组织引领，立足实际，深挖潜力，特色鲜明"的乡村振兴之路。

一、谢老寨村简介

谢老寨村位于息县、潢川县、光山县三县交界处，共15个自然庄，21个村民组，634户，2 884人。

二、取得成效和获得荣誉

谢老寨村坚持以改善环境促村民素质提升，以移风易俗促观念转变。近年来，谢老寨村通过一系列行之有效的举措，使一个仅有2 800多人名不见经传的小村一跃成为远近闻名的明星村，获得了全国乡村治理示范村，市级文明村镇，县级乡风文明、治理有效、生态宜居红旗支部等荣誉称号。

三、主要做法

（一）深入村组，摸底子

村民受传统习惯影响，以各种事由为名相互宴请、相互攀比，且名目越来越多，愈演愈烈，不仅给群众带来很大的精神和经济负担，而且严重败坏党风和民风。同时针对农村婚丧嫁娶中的大操大办、铺张浪费的陋习，以及各种名目繁多、愚昧落后的宴请，谢老寨村创新工作思路，打破陈规陋习，顺应民心民意，决定成立谢老寨村新一届红白理事会，并要求党员干部带头做到婚事新办，丧事简办，倡导文明、健康、科学的生活方式，得到了广大干部和群众的积极响应。2022年1月1日，村成立了新一届红白理事会，并制订了《红白理事会章程》，即日正式运行，效果显著。

（二）加强领导，重落实

为促进红白理事会工作的顺利开展，谢老寨村专门成立了领导组，成立了组织机构，实行领导负责制，明确了工作职责，做到了专事专人，狠抓落实。谢老寨村红白理事会领导组由支部书记谢伟任组长，驻村第一书记及工作队任副组长，村两委任成员，并安排一名村委人员专职对接理事会相关工作。运用"两议两公开"选举出红白理事会组织机构成员15人，由村内群众公认的德高望重人员，如老党员、老教师、退伍军人等担任，并设立会长1名，副会长1名，理事3名，成员10名，下设独立办公室。实行单机构管理，本理事会涉及的财务开支等事宜由理事会单独管理，理事会统一核实无误后方可向村委报账；实行包组管理制，每个成员分包若干个村民组，各司其职，共同奋进。村级监督委员会全面发挥监督作用，监督该项工作落实落细，让群众切实认清大操大办铺张浪费的危害，积极倡导婚事新办，丧事简办的文明风尚。

（三）广泛宣传，造氛围

为引起群众关注，营造浓厚的舆论氛围，激发群众的参与热情，谢老寨村利用多种形式大力宣传。一是召开会议进行宣传。通过村民代表大会、党员干部大会、专题座谈会等形式给广大党员干部群众常打招呼、常敲警钟，深入宣讲婚丧事大操大办的危害。二是媒休进行集中宣传。通过广播、标语、横幅、宣传栏、发放倡议书等形式在群众中大张旗鼓地宣传文明简办婚丧事的益处。三是及时对有婚丧事大操大办苗头的人员说服教育，进行正确引导。通过多种形式的宣传教育，提高广大群众的关注度和认可度，引导广大群众自觉抵制不文明现象，自觉破除恶俗陋习，使广大干部群众树立起正确的婚丧事办理观念，形成移风易俗的良好社会新风尚。谢老寨村自切实实施红白理事会工作以来，取得了非常明显的成效。使过去村民们不管婚丧嫁娶，还是生孩子、当兵、升学等事都大操大办之风得到了有效遏制，弘扬了新风正气、减轻了群众负担、建设了美丽乡村，推动了社会主义核心价值观在农村落地生根。

（四）做好表率，正新风

榜样的力量是无穷的。在红白理事会执行过程中，村两委干部起到了带头表率作用。2022年1月，谢老寨村支部书记亲人逝世，是该项工作切实实施以来首个宴会事宜，支部书记严格按照规章制度办理宴请相关事宜，一切从简，积极响应理事会相关工作规定，用自身感召力、亲和力和影响力，主动遵守、带头推动、做出表率，充分发挥了党员干部的示范带动作用。

（五）细化制度，明规定

在谢老寨村文明节俭办理红白事的暂行规定中，重点明确了红白事的办理程序、办理要求，力求细化量化。**一是从严推进丧事简办**。村民家中有丧事的，主家要第一时间向红白理事会报备，红白理事会派包组成员向主家吊唁，告知办理的有关规定和要求，并监督执行。要求一切从简，提倡厚养薄葬，简化丧葬程序，丧葬事务全部实行"一套音响、一首哀乐、一条白布、一碗饭菜"的"四个一"规范，限烟限酒，酒席一律改成大烩菜，每场白事少花数万元。**二是大力倡导喜事新办**。明确了"六提倡、六反对"标准：提倡简约定亲，反对盲目攀比；提倡礼轻情重，反对高额礼金；提倡举办一次婚礼仪式，反对重复浪费；提倡新式婚礼，反对豪华婚礼；提倡环保婚礼，反对乱贴红纸和大量燃放鞭炮；提倡低碳迎亲，反对豪华车队。订婚聘礼（彩礼）数额（含饰物、认亲等）控制在当地人均可支配收入的三倍数额以内（不超过5万元），反对超出实际承受能力要求买轿车、楼房等，切实减轻婚嫁带来的过重负担。**三是修订村规民约，把移风易俗纳入"小宪法"**。为让红白理事会工作有依据、村民红白事简办有底气、少数盲目攀比者无借口，村召开村民代表大会，重新修订《村规民约》，把简办事宜纳入其中，有了"小宪法"的支持，保证了红白事简办始终如一坚持下去，形成移风易俗的新风尚。此外，村还统一置办了婚丧事办理宴会时所需餐具，聘用专职厨师2名，成立村级红白事乐队（共8人），统一购置小钹、二胡、唢呐、鼓、锣镲、电子琴等乐器，实行一条龙免费服务，既给予了群众所需的"热闹"，又提倡了新时代的"节俭"。

（六）严明奖惩，保落实

为明确管理制度，确保此项工作落到实处，谢老寨村制订了严格的管理办法。**一是针对理事会成员的管理。**与每个理事会成员签订加入理事会工作承诺书，到事主家办事时，不得吃拿卡要，免费为群众提供服务。**二是针对办理红白事事主的管理。**与每户群众签订文明节俭办理红白事承诺书，若有村民不按规定执行将酌情下调该村民所享有的福利待遇。**三是加强监督。**实行连带责任制，规定执行过程中，逐级进行监督，如事主违反相关规定，红白理事会将对包组成员、事主包组理事会成员、副会长、理事长和事主进行相应处罚。**四是落实奖励。**由村两委及村级监督委员会共同监督全村红白理事会工作的运行，针对响应红白理事会工作要求并认真落实的群众进行表彰，将其作为全村学习的榜样。

2022年3月8日，西王岗组何大江之母去世，终年81岁。子孙中多有在外工作及经商人员，他们对是否按规定丧事简办争执不下时，村红白理事会会长谢焕然带领理事会成员和主家人员一起重新学习了关于文明节俭办丧事的规定，说明了理事会对村里丧事简办家庭的帮助措施以及不按规定办丧事的处罚办法。通过动之以情、晓之以理的说服教育，主家放弃了请吹手、放烟火、大办酒席等铺张做法。整个丧事比他们原来计划节约了近2万元。通过此次事件，谢老寨村红白理事会取得了良好的社会反响。

在各级党委、政府的坚强领导下，在广大干部群众的共同努力下，谢老寨村已从曾经的省级贫困村蝶变为全国知名的先进村、明星村。中国文联立项、中央电视台著名导演曲良平执导的音乐报告剧《谢老寨的故事》走上舞台，反映谢老寨村脱贫攻坚事迹的长篇报告文学《小村大道》被河南省委组织部、信阳市委组织部作为"不忘初心 牢记使命"主题教育活动第二批学习教材，反映谢老寨村巨变的文学作品《光明的道路》《润物细无声》作为向中国共产党建党100周年献礼书出版发行。同时，优秀的文明乡风民风也吸引了9家企业到谢老寨村投资建厂，为谢老寨村提供了600多个就业岗位，村民人均年收入由2012年的不足2 000元提高到2020年的17 800多元，村集体经济收入2020年达到27.8万元，实现了谢老寨村物质文明和精神文明双丰收。

"三齐"精神聚合力 文化振兴促新风

——博爱县孝敬镇齐村移风易俗典型案例

齐村位于博爱县县城南部孝敬镇北部，距县城7公里，博王路西侧，交通便利，区位优势明显。齐村共有7个村民小组，300户，1 400余人。现有党员46名，分为2个党小组，支部委员3名，村委委员5名，其中交叉任职2名。耕地面积1 400余亩，主要以粮食生产为主，兼有大棚蔬菜以及葡萄等杂果种植。

近年来，齐村采取文化引领、制度管理、模范带动、产业助力四项措施，注重软件、硬件两手抓，物质文明、精神文明齐发力，推进乡村社会移风易俗工作取得了新成效，为实施乡村振兴战略奠定了坚实基础。先后荣获省级民主法治示范村、健康村庄，市级先进基层党组织、廉政建设示范村、农村人居环境整治先进村，县级五星基层党组织等一系列荣誉称号。

一、挖掘村庄文化精神，凝聚干事创业合力

齐村把推进移风易俗与弘扬中华优秀传统文化、家风文化紧密结合，通过深入挖掘村庄优秀文化，进一步发挥了文化引领的作用。**一方面**通过与河南省地矿局测绘地理信息院专业合作，并广泛征求村民意见和建议，对村庄发展和定位进行详细地规划和布局，初步建设形成以果蔬大棚景观为主的休闲观光采摘产业，以元代巨儒许衡、猿仙通背拳和非遗产品等为主的文化遗产资源，建设打造中医健身街角公园、民俗文化体验园、乡土记忆文化游园、美丽田园景观等，为美丽乡村建设指明方向。**另一方面**通过挖掘村庄许氏文化，提炼具有本村特色的"齐心、齐力、齐家"（齐心：初心、红心、匠心、民心，齐力：合力、能力、执行力，齐家：小家、大家、国家）等"三齐"村庄精神，形成党员群众干事创业的合力，进一步促进村民文明素质的提升。

特别是2019年5月，齐村书院是以齐村许氏祠堂为基础，充分整合资源，

变家庙为书屋，打造文化活动阵地，涵盖博爱县猿仙通背拳协会、博武会馆、农家书屋、爱心绘画班等社会组织。许氏家训、许氏名人事迹等融入家风家训馆，藏书有3 000余册；具有深刻内涵的许氏家训被精心装裱挂在墙上，将许氏家族优秀的家风家训展示出来，让宗亲们知晓，激励后人。同时，书院还保存了石磨盘、水缸等老物件，发挥了许氏祠堂教育后人的积极作用，不仅留住了乡愁乡韵，还留住了许氏宗亲的血脉记忆，凝聚了全体村民干事创业的信心。

二、建立完善管理制度，形成移风易俗良好氛围

齐村坚持把完善村规民约、促进移风易俗工作，作为乡风文明建设的一项长期工作来抓，探索推行移风易俗、丧事简办，提倡厚养薄葬、文明祭祀，教育引导群众改正不良思想和陈规陋习，把精力放到增收致富和建设文明和谐新风中。村两委干部从自身做起，带头宣传倡导移风易俗，带头树立新风弘扬正气。因村制宜成立红白理事会，通过召开村民代表座谈会、发放倡议书、入户宣传等形式，征求大家意见，逐渐达成了共识，用制度化的方式引导村民主动转变观念，同时，选举德高望重的族长、门长分别任理事长、副理事长，商讨研究制订《齐村红白喜事的办事标准》，即所有村民家中办白事一律不准用响器，提倡用哀乐代替，火化以后不准用大棺木盛殓，招待亲朋以大烩菜、馍、汤为主，不准摆席，不能用大件纸扎，大力倡导厚养薄葬的新时代孝敬文化；村民家办喜事喜宴一律控制在10桌以内，只招待双方至亲，其他亲朋好友以喜糖、瓜子、花生等赠送，一律不准接待宾客，不得燃放烟花爆竹，提倡不收高额彩礼、新事新办，减轻当事人双方家庭负担。红白事大操大办、互相攀比的陋习不见了，节俭办事、文明办事的新风逐渐深入人心，真正让广大村民从移风易俗工作得到实惠。

三、壮大村级集体经济，服务保障乡村发展建设

"火车跑得快、全靠车头带"，村两委班子团结、战斗力强，工作办法就多、推进就快。在壮大村级集体经济方面，逐步探索出了一条党建引领下的

"党支部＋公司＋农户＋规模化经营＋'解放'劳动力"的发展村集体经济的"齐村模式"。为谋求村级集体经济发展，为村民群众提供更好的服务，村两委成立了博爱县兴齐现代农业发展有限公司，作为发展集体经济的载体。通过争取财政扶持村级集体经济项目、村委会自筹、群众土地入股等方式自筹资金200余万元，流转土地500亩，修建了机房、粮库等设施，购置了拖拉机、喷药机、地秤等农机具，开展规模化经营。目前，已形成了"代繁种子、青储玉米、脱水蔬菜、农机服务"四大业务板块，每年村集体增收近20万元，进一步拓宽农民增收渠道，为建设更加美丽的新农村提供资金保障。凡出一谋、举一事，必看群众是不是答应、是不是受益、是不是满意。村集体先后投资11万元对主街墙体进行美化，通过"一宅变四园"整治荒废宅院13座，为村民修建了一处集中停车场，将公共绿地打造成长达30余米的休闲游廊，还硬化文化游园甬道、增加健身器材、建设雕塑小品，不断扮美乡村环境。齐村充分发挥党员干部的先锋模范作用，坚持党员干部卫生责任岗制，一名党员干部负责一条胡同，开展每日巡查。在党员干部的带领下，群众参与村级事务的积极性也极大提高，在农村开展户厕改造时期，村民积极参与、踊跃集资近14万元，村集体出资50万余元，通过四议两公开工作法，完成铺设管网并与各家各户联通，受到群众好评。

四、评比选树模范典型，共治共建共享美丽生活

为进一步解决当前部分村民群众集体观念淡薄，邻里之间冷漠，家庭中婆媳、妯娌之间的矛盾，村两委经多方研究商讨，本着表彰为主、惩戒为辅的原则，采取村两委干部、党员代表和全村村民参与的方式，通过推、评、议、公示等环节，每年综合评比选树一批移风易俗方面的正面典型、模范家庭，培育村民积极向善向上的正能量。在春节、元宵节、端午节、中秋节、重阳节等节日，开展为全村70岁以上老人赠送礼品、集体过重阳、过生日等活动，倡导孝老敬亲，村里许多年轻人都积极参与捐款捐物，增强了年轻人的孝敬之心。通过评比好媳妇、好妯娌、好婆婆、五好家庭，无形之中化解了很多家庭矛盾；通过评比好乡贤，让更多的人积极参与到乡村建设的队伍中来。通过评比美丽庭院示范户，使得村庄的人居环境一天比一天美。通过

评比好学生、好少年，奖励优秀学子，带动了更多的孩子树立积极向上的人生目标和正确的人生观。让孩子们了解村庄的变迁、齐村的来历，许氏家训、齐村文化、齐村发展史等，强化了孩子们的家国情怀。成立文化合作社，融合齐村的非遗产品如铣锭铣棒槌、花鼓戏、猿仙通背拳以及文艺舞蹈队、象棋社团等组织，不仅丰富了村民的文化生活，还让村民们远离酗酒、赌博等不良社会风气，有利于家庭和睦、社会和谐。通过一系列的举措和办法，在齐村见贤思齐已成为风尚，崇德向善已成为追求，移风易俗已深入人心，村民的文化素养、幸福感、满意度得到进一步的提升。

下一步，孝敬镇齐村将认真贯彻落实习总书记关于三农工作的一系列指示精神，以实现乡村振兴为总目标，以发展农村集体经济为重点，打造"富裕"乡村。以生态文明建设为引领，打造"靓丽"乡村。以传统文化传承为重点，打造"乡愁"乡村。

启示

　　乡村治理体系包括基层组织建设体系、村民自治管理体系、信法守法行为体系、崇德向善民风体系、乡村公共保障体系以及乡村产业发展体系。上述六个案例紧扣农村"四治"、农村"三清一改"、农村"门前三包"，使移风易俗工作与上述治理工作衔接。开展治理工作的启示有两点：一是**将农民在治理中的行为与移风易俗衔接**。乡村治垃圾、治污水、治厕所、治村容村貌，清理农村生活垃圾、清理村内塘沟和清理畜禽养殖粪污等农业生产废弃物，改变影响农村人居环境的不良习惯。在包卫生、包绿化、包秩序中开展移风易俗，防止了乡村自治与移风易俗"两张皮"的现象，农民容易接受，效果也比较好。二是**在农民自身的行为中与移风易俗挂钩**。将原住民、第二居民、乡创人员等进行融合，用外来新风尚与本土民俗进行互补，既保持了乡村"熟人社会"的优势，又摒弃了亲朋好友之间相互攀比的陋习。不断地将农民的文明行为积累成"正分"，将陋习变成"负分"，实施"积分制"与农民的各种奖惩挂钩。

风尚引领型

乡风文明之河南行动
——河南省农村移风易俗典型案例汇编

导 语

孔子曰，然礼失而求之于野。乡村历来是我国农耕文化底蕴最厚重、最纯粹的地方，文化的表象往往是一个地方风气形成的根本。这一类型的移风易俗典型案例，主要做法，树新风、塑新貌、育新人，在红白喜事上倡导新事新办，在孝敬老人中倡导厚养薄葬，在人情世故中倡导轻礼重情，这样就将优秀的传统文化品质与现代的时尚元素融合起来，既让农民得实惠、减负担，也让农民有面子、有里子，农民很容易接受。主要成效，乡村不孝父母、不管子女、不守婚则、不睦邻里的现象大幅度减少，红白喜事盲目攀比、大操大办等陈规陋习大幅度降低，由于人情世故支出较大而产生的"生不起""娶不起""考不起""死不起"等现象开始绝迹，农民衷心拥护移风易俗和乡村治理政策。

土古洞凝心聚力　乡风文明结硕果

——新安县铁门镇土古洞村移风易俗典型案例

提倡移风易俗、摒弃陈规陋习，是推进乡村振兴战略和精神文明建设的重要内容。近年来土古洞村认真贯彻落实中央《关于进一步推进移风易俗建设文明乡风的指导意见》精神，聚焦乡风文明建设，将移风易俗作为利民惠民的民生工程，启动专项整治行动。

一、乡风文明从不忘初心起航

提起新安县土古洞村，这里的环境优美、乡风文明、产业兴旺无不令人啧啧称赞，但大家并不知道，原来的土古洞村流传着这样的顺口溜："无水无路无学堂，只有四架山脊梁，人均收入几十元，一年四季闹饥荒"。郑向东刚接任村支书时，整日是"难事急事窝囊事事事缠身"，而得到的却是"骂声怨声指责声声声刺耳"。每天繁杂的事务总是压得他喘不过气来。但是他思路清晰，有主见，他常说："当干部要摸着良心，出以公心，不忘初心，赤胆忠心，靠办实事赢得民心。"

二、从"多上访"到"零上访"的转变

因为当时村民太穷，思想落后，村里的每一个大的决策，都会有很多村民不理解、不配合。在村里闹事，去信访办告状。面对这种局面，村干部沉着冷静，认真对待。村两委采取的措施是，**一是放开**。就是让村民充分表达意见和想法。**二是做好工作**。在村民充分表达意见后，村干部深入农户，采取一把钥匙开一把锁的方式，各个解决。**三是取得领导的支持**。面对村民的告状和不理解，镇、县领导为村干部撑腰作主。时任县委书记周宗良

亲自到村里组织召开村组干部和村民代表座谈会，明确表态：土古洞村学习南街，走集体化共同富裕道路，方向明，路子对，必须坚持下去。时任镇党委书记介鸣政、郭轩子、张前进、牛志伟，还有镇长李俊章等都多次到村里协调解决，李俊章镇长曾在上沟村民组（自然村）开会，开了一个通宵。由于思想工作到位，上级领导支持，村干部工作更加有信心了，使土古洞村工作按照既定方针得以可持续开展。搞好农村工作就是这样，村干部如果没有主心骨，没有斗争性，不行！上级领导如果没有支持力度，没有果断性，也不行！。

在土地收归集体，实行统一分配时，西沟村民组（自然村），不同意"大和泥"调地。理由是，他们组地多，再一调就分少了。虽经再三做工作，没有效果。分下去的地，部分农民不种。告状告到市里，告了足有一年多。之后，经过多次做思想工作和耐心的说服教育，这个组的问题终于得到了解决，村民开始种地了，偏远自然村也全部迁移到了新村，旧宅门前的沟填起来了，恢复的耕地又分给了村民。没过几年，这些村民真正地开始醒悟了，高兴地说："房子变新了，环境变好了，地少粮食打多了，日子越过越舒心了。"近二十年土古洞村再没出现过上访事件。

三、精神文明结硕果

土地承包到农户后，在新形势下村干部面临的是："老办法不管用，新办法不会用，硬办法不敢用，软办法不顶用"。吵架、打架、骂人是常有的事。

土古洞村采取的措施是：在抓党建促发展上下狠功夫，充分发挥党支部的战斗堡垒作用和党员的先锋模范作用。设立了"土古洞村党员承诺墙"，上面注明了每个党员的职责和对群众的承诺，公开接受群众的监督。每月党员学习日，雷打不动。党员干部带领村民搞集体经济建设，一呼百应，真正起到了党员干部的引领示范作用。

与此同时，郑向东书记带领广大党员干部，在凝聚民心上下功夫。摸着良心，出于公心，不忘初心、赤胆忠心，靠办实事赢得民心。一个村民组建立一个档案，实行动态管理，采取一系列措施，确保村集体经济的发展壮大。党员干部既是指挥员又是战斗员，在老区开发、硬化渠道方面，党员群众都是自发参与，苦干实干，晴天一身灰，雨天一身泥。

党员承诺墙

　　在抓经济建设的同时，郑向东带领广大党员干部，不断加大精神文明建设的力度，广泛开展"创建文明户"活动。紧紧抓住家庭这个细胞，开展"五好文明家庭""好媳妇""好妯娌""好婆婆"等评比活动。弘扬正气，践行社会主义核心价值观，树立社会新风，促进了村风民风的根本好转。精神文明之花处处盛开，好人好事层出不穷，友爱互助蔚然成风。人们的精神面貌焕然一新，各项工作呈现出蓬勃发展的新局面。

　　土古洞村开展的"十星级文明农户"评比活动，颗颗心连着众人心，出现了许多动人的故事。

五好文明家庭

乡风文明之河南行动
——河南省农村移风易俗典型案例汇编

为了搞好"十星级文明农户"评比工作，县里派来的社教工作队把评星的标准打印100多份，发到各家。

60多岁的郝秉耀接到评星标准后，把全家五口人叫到一起，他戴上老花镜，手捧"标准"，逐条逐句地读给家里人听。时间长了，老伴有些不耐烦："瞎好学学算了，恁认真干啥？"郝老汉郑重其事地说："这是上面给咱发的'标尺'，不下劲儿学学，尺子量不准，咋自我认星哩！"三个孩子在一旁急忙插腔："妈，别打岔，让俺爹快往下读吧，俺都听上瘾啦！"

在自报星级阶段，不少农户都召开了家庭会，在游清江老汉的家庭会上，他首先提议自报8颗星，儿子和媳妇不同意，说："政策允许咱生二胎，又没有超生，咋不能报？""你们好好抠抠标准就知道了。"游老汉掀开计划生育那一页，读后说："虽然咱符合生二胎条件，但间隔时间不够，这是硬尺子，不能含糊。"

相互评星中，村民之间出现了不少争议，从中可以看出村民们自我教育、自我管理的意识大大提高。第七村民组的会议室里，村民们就三个农户没有捐资助教展开了舌战。群众说，这三户的"尊师重教"星不能挂，咱村建校时连贫困户、五保户都捐了款，这三户经济收入不赖，为啥不拿钱？村民组长说："以前的事不提，以后看他们的表现吧"。群众不同意，这些人连自己的娃儿们识字都不关心，打点"刺激素"对着哩！

"十星级文明户"活动经过宣传发动，自报互评后，村里许多人坐不住了，有20多户找评委"上访"争星，一农妇过去有虐待老人行为，群众只给

土古洞村星级文明户公示牌

她评了6颗星，这农妇深感痛心，一夜没睡着，次日一大早，就找到评委保证："过去是我错了，现在就改！"回家后，她立即登门向婆母赔礼道歉，还把老人接回自己的家中，端吃端喝。评委听说后，到她家查证落实，年逾古稀的婆婆两眼喜得眯成一条线："俺媳妇像是换了个人。"评委经过认真复议，给她家添上了两颗星。现在的土古洞村已经形成了人心思上，人心思进，人心思集体，人心思发展，人心思奉献的良好氛围。

在实际执行当中有很多案例。比如"五妯娌争孝"，五个媳妇同日荣登光荣榜。刘雪子、郝小妞、何新环、张小智、郑双妯娌5人，看到公公去世后，怕婆母一人孤单寂寞，就自发组织起来，散伙五小家组成一个大家庭，在婆婆家吃起了"大锅饭"，20多口人生活在一起，其乐融融。三八节表彰会上，妯娌5人同获"好媳妇"，登上光荣榜。《今日新安》《洛阳日报》曾予以宣传报道。

五妯娌争孝

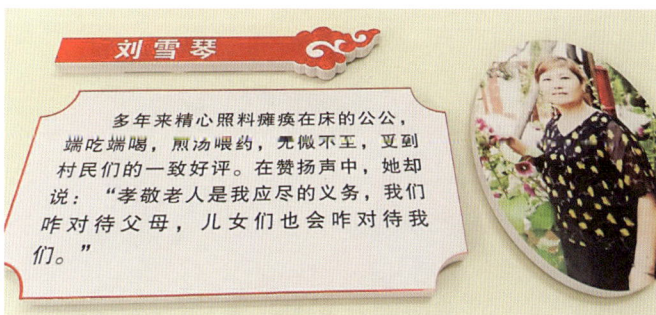

"好媳妇"刘雪琴

"好媳妇"刘雪琴，自己的婆婆生病住院，她没日没夜地床前伺候，婆婆大便解不下来，肚子肿胀，疼痛难忍，她用手把大便给抠出来。

好媳妇

光荣榜

如今的土古洞社区在文明乡风的助推下，产业兴旺、环境优美、社会稳定，安居乐业，集体经济壮大，各项工作蓬勃发展。多次受到省、市、县各级领导的表彰和赞扬，也受到了媒体和社会各界的广泛关注和充分肯定，被誉为"洛阳南街村"。

土古洞村先后获得中国乡风文明十佳村、中国美丽乡村百佳范例、河南省文明村镇、河南省五个好村党支部等荣誉称号。

三个"抓手"抓实移风易俗

——武陟县龙泉街道北贾村移风易俗典型案例

北贾村，位于县城东南两公里处，文化路中段路南。全村781户，3 015口人，8个村民小组，200亩耕地，以运输、建筑和劳务输出为主导产业。党支部共有47名党员（含2名预备党员），7个党小组，"三委"成员11名，其中3名聘用人员。村民年人均纯收入约2万元。北贾村先后荣获"全国民主法治示范村（社区）""河南省生态文明村""河南省五个好党支部"等荣誉称号。

近年来，北贾村围绕"产业兴旺、生态宜居、乡风文明、治理有效"的乡村振兴发展目标，充分发挥基层党组织的战斗堡垒作用，以三个"抓手"为重点，强化措施，全力推动移风易俗建设，努力培育文明乡风、良好家风、淳朴民风，不断凝聚乡村治理向心力，激发乡村振兴新动能。

一、抓宣传引导，培育淳朴民风

（一）加强优秀传统美德的宣传

以新时代文明实践站、文化舞台、村史馆、党史馆等为载体，围绕孝亲敬老、勤俭节约、诚实守信、邻里和谐等主题，通过多种形式进行宣传，引导群众将中华民族的传统美德内化于心，外化于行。联合宣传、整合集体学习、"小喇叭"播放、公告粘贴等多种方式，宣传乡风文明、疫情防控等内容，促进乡风文明入脑入心入行。促进包村干部知行合一、学用结合，与群众"零接触"，做好大走访宣传工作，不断提升为群众办实事、解难题的能力。

（二）创新宣传模式正新风

整合民间资源，邀请"百姓宣讲团"成员，村内能说会道的老党员、老干部等，走进群众，通过宣讲的形式将倡导破除陈规陋习等内容编成故事讲给村民听，利用村内大喇叭播放移风易俗公益广告等，通过群众喜闻乐见的形式，让老百姓在潜移默化的影响下自觉抵制婚丧嫁娶大操大办、铺张浪费和封建迷信等社会不良风气。

（三）强化村规民约的约束作用

将爱国守法、移风易俗、孝亲敬老、人居环境整治等纳入村规民约内容，强化宣传引导，发挥村规民约的约束作用，让老百姓自觉规范自身行为，摒弃不良习俗。建立红白事报备和查验制度，制订理事会活动章程，确定本村（社区）婚丧嫁娶办事程序、服务规范、参加人数、车辆使用等具体规定，明确违约责任和处罚办法，让"小规约"成为群众办理婚丧嫁娶事宜的"硬杠杠"。坚持婚事提前介入、白事第一时间上门，充分发挥宣传劝导和教育监督作用，逐步实现对红白喜事的全过程管理和服务，破除天价彩礼、厚葬薄养、大操大办、铺张浪费等陈规陋习，涵养文明乡风、良好家风、淳朴民风。在拓展领域、提升水平、增强实效上下功夫，将爱护环境卫生的有关要求写进村规民约，与村级十星级文明户、五美庭院评选挂钩，推动乡村文明行动由提升环境质量到提升人的文明素养延伸。

二、抓典型选树，提升精神风貌

（一）深入挖掘典型人物

每季度评选好婆婆、好儿女、好儿媳、好妯娌、好乡贤、最美家庭等典型人物，通过选树、表彰和宣传优秀典型，树立标杆和榜样，引导村民向善向美，营造和谐氛围，达到一个好人，一群典型，一村新风的良好效果。"好邻居"陈留根是北贾村六组村民，他的邻居陈德江老两口唯一的儿子生病瘫痪在床，老两口年事已高行动不方便，每次他们的儿子生病，陈留根总是第一时间开车带着他们去看病，并在医院和老人一块儿陪着孩子。陈德江的儿子过世后，两个老人无依无靠，而他们的女儿已经出嫁，不能时刻照顾老人的生活，陈留根就一天三趟到老人家去看看情况，有好吃的也会多做一些给两位老人送去，老人腿脚不方便，生活上的必需品都是陈留根夫妻帮忙代购的。帮老人修缮房屋、安装电灯、打扫卫生，并不时把老人接到自己家里，为老人换洗衣服、梳头、剪指甲……数十年如一日，陈留根就这样坚持着，老人逢人就夸："我真是哪辈子修的福，遇到了这么好的邻居"。

（二）整村推进星级文明户认领

为使群众成为精神文明建设的主体，提升村民的思想道德素质、文明程度和综合素质，北贾村扎实开展"星级文明户"认领活动，并将认领结果与每季度"五创三治"老人奖补资金挂钩，让农户提高认识，658户全部认领，通过家比家、户比户，找差距、补短板，进一步引导群众向上向善、孝老爱亲、重义守信、勤俭持家，推进移风易俗，遏制农村陈规陋习，提升农民群众文明素养。

（三）树立家风家训

每家每户张贴家风家训展示牌，通过立家规、品家训、扬家风这种传承中华文明的微观载体，营造良好家庭氛围，约束家庭成员行为，传承精神力量，从而提升村民精神风貌，提高村民文明素养。

三、抓移风易俗，涵育文明素养

（一）党员干部带头树新风

为引导老百姓破除陈规陋习，树立勤俭节约、绿色健康的文明新风尚，北贾村全体党员率先垂范，充分发挥先锋模范作用，自觉遵守婚丧事宜"双报告"制度，成立移风易俗宣传小分队，充分利用村务公开栏、街头大喇叭、广场文化墙等宣传阵地，发放宣传资料，广泛宣传移风易俗新风尚、好做法、好经验，教育引导村民弘扬文明新风，营造移风易俗的浓厚氛围。

（二）发挥引导作用育新风

通过网格群、党员联户群等平台载体以及制作倡议书的方式向广大群众发出倡议，教育警示反面典型，曝光大操大办、不遵守村规民约等现象，以舆论压力促进文明乡风的培养，以正反并举实行道德教育惩戒的方式，进一步深化移风易俗，培育文明乡风，助力乡村振兴。引导大家共同培育健康、科学、文明的生活方式，从自身做起，从点滴做起，努力提升自身修养。

（三）开展形式多样的实践活动

充分利用道德讲堂，以此为阵地传播精神文明，让群众自觉成为道德的传播者和践行者。以"道德讲堂"为载体，让先进事迹及好经验、好做法广为传颂，形成了尊贤、崇贤、学贤的浓厚氛围，构建起共建共治共享乡村治理体系，推动乡风文明，全力打造乡村振兴新样板。志愿者开展"敲门"入户行动，为出行不便老年人打扫屋子、接种疫苗加强针、办理养老认证，宣传节约用水、健康生活方式，身体力行实践"文明"。组织村内老党员、德高望重的老人、最美家庭成员、好婆婆、好媳妇等开展"大家看看我家风""我们的家庭故事"以及"五美庭院"创建等文明实践活动，并通过微信群、村内喇叭广播等广泛宣传，传播文明新风尚，推动家庭和睦、邻里和谐，营造良好家风、淳朴民风的和谐氛围。

红白喜事从简、喝酒赌博变少、人人孝老敬老、环境卫生变好……在乡风文明助推乡村振兴工作中，龙泉街道北贾村最大限度兼顾村民意愿，通过自治管理的"软"约束，建立长效机制，抵制陈规陋习，倡树文明新风。

用德孝文化助推乡村移风易俗

——唐河县城郊乡王岗村移风易俗典型案例

近年来，城郊乡王岗村在城郊乡党委、政府的领导下，顺应时代发展潮流，致力于乡村振兴实施的布局开篇，不断探索实践社会治理的创新路径，把德孝文化倡树作为弘扬中华优秀传统文化和践行社会主义核心价值观的内核，通过党建引领、建强阵地、教化熏陶、典型领跑，大力培植良好家风、淳朴民风、文明乡风，为乡村振兴的顺利开局注入源头活水，不断焕发出乡风文明新气象。主要做法是：

一、党建引领，薪火传承

文化兴国运兴，文化强民族强。乡村文化振兴不仅是乡村振兴的任务和价值追求，更是实施乡村振兴战略的路径和抓手，为推进乡村组织振兴、生态振兴、产业振兴、人才振兴提供重要支撑。广袤的乡村不仅承载着农业生产和农民的生活，更是中华优秀传统文化的沃土，积淀着中华民族上下五千年来最深沉的精神追求，是中华民族"根"与"魂"的守望者。中华优秀传统德孝文化是以人本为内核，以事亲行孝为特征，强调良知和责任的伦理文化，大力弘扬这种伦理文化，是贯彻落实党的十九大精神的具体行动，是新时代精神文明建设、文明实践的主要内涵，也是构建乡村治理体系和实施乡村振兴的"先手棋"。基于这些认识，城郊乡党委按照全域党建的工作理念，及时统一思想，把德孝文化作为党的思想政治和精神文明建设的重要内容纳入大党建格局，适时启动了德孝文化创建活动。乡党委先后多次组织乡宣传文化部门、妇联以及村委负责人到信阳市息县的弯柳树村和方城县的傅老庄村等地观摩学习，并邀请省儒学文化促进会的创会会长前来指导和组织开展中华德孝文化报告会，通过实地观摩学习和聆听德孝文化讲座，开阔了视野，启迪了心智，拓宽了思路，统一了思想，坚定了信心，从而确立了"党建破题、以人为本、以文化人、文化聚力"的德孝文化创建工作理念，在党的十九大精神的引领下，唤醒沉睡在群众心灵深处的"爱的薪火"。

二、文化搭台，教化领航

农民是乡村文化的创造者，也是乡村文化的传承者和受益者。推动乡村文化振兴，核心在于动员和激发农民的主体性、主动性和创造性，以社会主义核心价值观为引领，采取符合农村特点的有效方式，大力弘扬传统文化和时代精神。2016年以来，城郊乡党委、政府率先在王岗村开展德孝文化试点村创建活动，在活动载体的搭建上，一是建起村级"德孝讲堂"，经常邀请儒学、国学方面的专家学者讲授德孝文化，组织全国孝老爱亲模范人物——八里岗村村民邓曼君等本土道德模范现身说法，教育感召群众从自身做起、从家庭做起，注重家风、家道、家规、家教、家训建设。同时通过组织开展《三字经》诵读、百日成长计划三小时工作坊、情暖夕阳红等系列活动，让群众明白："家是最小的国，国是千万家，家庭是社会的细胞，建设好自己的家庭不仅是对家庭的贡献，也是对社会的责任和贡献。"。二是建立孟子文化研学基地。王岗村孟庄自然村是南宋名将孟宗政抗击金军的驻扎地，至今已有812年历史。孟庄村在本村家族家风家训的基础上，将村文化广场打造成供群众观摩学习的孟子文化研学基地，该基地依托王岗村现有的历史文化和当代典范，以培育良好家风、文明村风、淳朴民风为出发点，以"传家训、立村规、正家风"为主题，紧扣习近平总书记"注重家庭、注重家教、注重家风"的总要求，以"传、树、争、做"为四大导向，设计了家风家训文化展示、厚德书苑、道德讲堂三大篇章和天下之本、经典家训、家范传世、我的家训、家风故事和今日孟庄等七个章节，收集整理了古今圣贤和孟子文化资料50余篇，供广大群众参观学习，成为教育引导群众移风易俗、崇德向善的新载体；三是营造德孝文化创建氛围。打造德孝文化宣传长廊，结合王岗村美丽乡村示范村和文明村镇建设，沿村庄主要道路、以文化广场为核心，精心布置德孝文化墙。另外，精选以家国情怀和德孝文化为主题的歌曲，利用村级大喇叭，坚持每天在固定时段滚动播放，使群众在潜移默化中得到德孝文化的滋润和洇染；四是统一设置家训祖训标识牌。结合每个家庭的特点，各家自己设定符合自家实际的家训，乡村统一制作成牌，规范装订在自家的大门口，教育家人不忘祖训家训，树立良好家风；五是开展赡养老人专项治理行动，对各村不赡养老人的家庭户进行排查，采取村干部一对一教育转化、德孝文化灌输、道德评议、司法部门以案说法等综合帮带措施，转化效果明显。经过几年来的探索实践，2021年1月6日，河南省儒学文化促进会为王岗村颁发了"河南省德孝文化示范村"匾牌。

三、拓展外延，放大效应

中华文明上下五千年的优秀传统在乡村根基深厚，其精神内核是维系乡村社会秩序的纽带和推动社会发展的内在动力。王岗村把德孝文化视为移风易俗、乡风文明的"核反应堆"，坚持守正创新的工作理念，运用正反两方面的激励机制，不断把德孝文化的内涵拓展延伸、成效放大提升。

一是树立"好人文化"标杆。建立王岗村"典型光荣墙"，墙上收集和展出了"中国好人""身边好人"10余人，有孝老爱亲道德模范、好乡贤、致富带头人等典型人物，旨在为培植文明新风提供榜样支撑和道德力量，引导群众见贤思齐、崇德尚善、争当好人、争行善举。

二是以实施公民道德建设工程为载体，定期组织开展"乡村光荣榜"人物评选活动，主要评选类型有：好公婆、好媳妇、好儿女、好邻居、好妯娌等，通过三榜（善行义举光荣榜、学树行做光荣榜、文明实践红黑榜）公示，让群众明白该尊崇什么、该摒弃什么，导向鲜明。开展十星级文明户认领活动，2021年以来，王岗村就有326户村民主动认格、认领了"星级文明户"，在群众中营造了"明是非、知荣辱、重德行、尚德孝、守家风"的浓厚氛围。

三是依托"一约四会"，大力推进移风易俗。充分发挥村规民约的约束力，村民议事会、道德评议会、红白理事会、禁赌禁毒会共同发力，提升村级自我管理、自我教育、自我服务的水平，遵纪守法、崇文尚礼、邻里守望、厚养薄葬、喜事简办等正成为广大党员干部群众遵循的公序良俗。

近些年来，通过对德孝文化综合体的持续打造，王岗村的精神风貌、人居环境、生态环境、社会风气都焕然一新，乡村治理体系渐入佳境。王岗村的蜕变为乡域经济社会发展提供了道德力量和榜样支撑，引领着全乡精神文明创建和经济社会的高质量发展。

道德模范表彰评选

组织各村妇女花馍培训

开展道德讲堂宣讲

开展为父母洗脚活动

树立冠云新风尚　山美水美"人更美"

——卢氏县潘河乡冠云村移风易俗典型案例

冠云村，一个产业兴旺、生态宜居、乡风文明、治理有效、生活富裕的美丽村庄。冠云村位于潘河乡西北部，东接沙河乡，西临朱阳关，南依两河村，北靠冠云山。冠云村距卢氏县城30公里，离乡政府12公里，全村南北全长5.5公里，土地面积46.2平方公里，辖9个居民组，166户村民，575口人，常住人口有480余人。冠云村地广人稀，有丰富的林业资源，全村林地面积达54 279亩，耕地面积仅1 355亩，村人均耕地2.3亩。由于自然条件限制，村民主要靠发展种植业和养殖业发家致富，种植连翘、黄芪、雪参等药用作物，有"药谷"之称，同时村民大力种植烟叶、核桃、玉米、红薯、豆类等经济作物以拓展收入来源。此外，依靠本村地理环境优势，村民积极发展纯天然无添加的牛、羊、猪、鸡等养殖。

走进冠云村，如同步入云深处，再多的溢美之言都不足以形容冠云村的美丽，这里有青瓦白墙、小桥流水的屋舍人家，有阡陌交通、鸡犬相闻的乡土气息，有淳朴自然、安宁和乐的山水田园，就像陶渊明笔下的世外桃源。满山苍翠、春山如笑是冠云村的春，流水潺潺、蛙声蝉鸣是冠云村的夏，秋高气爽、云淡风轻是冠云村的秋，银装素裹、冰天雪地是冠云村的冬。"一方水土养一方人"，冠云村的美丽不仅仅在于山水秀美，更在于乡风文明，民风淳朴，家风良好，正所谓"山美水美人更美"，冠云村养育了一代又一代勤劳善良、朴实诚恳的村民。

近年来冠云村在乡风文明建设方面积极作为，一是订立乡规民约，成立理事会，破除农村陈规陋习；二是积极发挥党员的引领作用，带头落实乡风文明各项要求；三是开展村民喜闻乐见的文化活动传承孝道文化，推进良好家风传承；四是树标杆，积极表彰在乡风文明建设中做出表率的模范家庭和先进个人；五是内化于心，将乡风文明建设与美丽乡村行动紧密结合，使乡风文明成为一种习惯。

一、订规矩、搭班子，创立"1+4"乡风文明建设模式

冠云村村委、驻村工作队积极推进文明乡风建设行动，在村民的支持下修订完善乡规民约，广泛开展以讲文明、讲卫生、讲科学、讲法制和改陋习为主要内容的"四讲一改"活动，着力提高村民文明素质。村民积极建言献策，村委广泛听取百姓意见并经民主评议后，冠云村形成了以周铁军为会长的红白理事会、禁毒禁赌会、道德评议会和村民议事会。

"一约四会"制度的出台，从制度层面确立了冠云村乡风文明建设"1+4"运行模式。乡规民约重新厘定了哪些是村民应该积极弘扬的，哪些是村民必须禁止的，为村民行事提供了基本准则。此外，村委积极发挥四会作用，以评议会、恳谈会、座谈会等群众易于接受的方式，引导村民移风易俗，改变婚丧大操大办的不良习俗，反对封建迷信，远离黄赌毒，消除邻里矛盾，自觉弘扬勤劳节俭、诚信谦和、尊老爱幼、助人为乐的传统美德，努力形成良好的社会秩序和健康的社会风尚。

二、率先垂范，以身作则发挥党员引领乡风文明作用

冠云村村两委班子、驻村工作队以党的十九大精神为指导，加强社会主义核心价值体系建设，提高村民文明素质和乡村文明程度，冠云村党支部充分认识加强农村精神文明建设的重要性和紧迫性，高度重视乡风文明建设，并把农村精神文明工作摆上重要议事日程，列入本村经济社会发展总体规划，把农村精神文明建设纳入各地、各部门考绩范畴，作为领导干部工作实绩考核的重要内容。

冠云村党支部积极开展每月5日的主题党日活动，在活动上给党员上党课，讲乡风文明建设的重要性，让村内的党员同志认识到这一活动的重要性，并以身作则，由己及人，将乡风文明建设工作从党员推向全体村民。率先垂范是党员的责任和义务，党员是乡风文明建设的关键，冠云村党员谨记

自己的使命，从自身做起，从家庭做起，将乡风文明建设作为自己的一项使命。

三、树立新风尚，"3个1"孝道传承推进乡风文明建设

孝道好家风，代代永相传。家庭是人生的第一个课堂，正所谓"积善之家，必有余庆"，家风好，才能家道兴盛、和顺美满。冠云村将"传承孝道"与祖国70华诞紧密结合，在祖国生日之际践行孝道传承，告诉村民勿忘党恩、勿忘父母恩情，学会感恩，学会回报母亲。

父母带我们来到了这个美好的世界，"子欲养，亲不待"成了很多人的遗憾。在冠云村积极举行"3个1"活动，一盆清水给父母洗脚，一个拥抱给父母温暖，一声爹妈给父母久违的关爱，行孝三部曲将整个会场推向了活动的高潮，也将孝道传承深深铭刻在子女心中。传承孝道古文化，树立社会新风尚，乡风文明建设与孝道传承的家庭无法分割，以孝道传承推进乡风文明建设是百姓喜闻乐见的行为方式。

四、树典范，积极表彰先进个人和模范家庭

按照"彰显典型，面上铺开，巩固提高，民创民享"的思路，冠云村以文明村创建为纽带，文明户创建为基础，大力开展农村群众性精神文明创建活动。冠云村广泛开展农村文明诚信家庭、好媳妇、好婆婆、好儿女等创建活动，夯实文明村镇创建基础。

为加强乡风文明建设，冠云村开展的文明村镇创建活动经过评选，共选出岳青鸽等79户守法户，张咬栓等54户诚信户，赵石虎等41户文明户。此外，冠云村还评选出"持家有方、教子有术"的好婆婆闻秀枝、"善解人意、吃苦耐劳"的好媳妇安英格、"孝老爱亲、尊老爱老"的上门女婿赵现锁。

这一文明村镇创建方式，对乡风文明建设作出表率的模范家庭和先进个人进行了表彰和奖励，让大家在精神上受到鼓舞，在物质上得到实惠，进一步树立了乡村好风尚，践行了社会主义核心价值观。

五、改善人居环境，打造美丽庭院，以外在化内心

冠云村积极实施美丽乡村行动，推进农村住房改造建设，优化人居布局，改善人居环境，打造美丽庭院，实现乡村集聚布局美，以环境美化推进乡风文明建设，树立绿色环保的发展理念。

以冠云村村民赵现锁为例，他用热情传播干净整洁理念，用行动落实改善环境的责任担当，为建设和谐美丽新冠云贡献自己的力量，同时也引领了风尚。赵现锁今年58岁，全家一共6口人，他与妻子相亲相爱，有两个女儿和一个儿子，还有一个老母亲，受家庭熏陶，他从小便养成了热爱生活、热爱自然的好习惯。赵现锁说："生活在美丽文明的乡村，生活在绿色盎然的环境中，我们的心也变成绿色的了"，他将绿色环保作为自己的生活方式。

赵现锁的家，是一个温馨清爽的地方，屋舍简单大方、错落有致，一家人都喜欢养花种草，整洁的院子里种满了生机勃勃的花卉苗木，明亮的室内摆放着吊兰、绿萝、君子兰等令人身心愉悦的绿色植物。房屋装修时他专门选择了环保材料，平时在家里多用自然光少开灯，购买的家电也都是节能型的，在用水方面也坚持水循环二次利用的节约方式，他用看似不起眼的方式将环保理念践行在生活的方方面面。

乡风文明建设事关乡村振兴，乡风文明是乡村振兴的核心和灵魂，抓住乡风文明建设就抓住了乡村振兴的关键。冠云村村委坚持思想引领、实践养成和统筹推进，将乡风文明建设这一综合性、全方位、系统性的工程通过汇聚政府、社会组织和村民等多方力量来稳步推进。冠云村村民以主人翁的姿态积极推进乡风文明建设；用优秀家风和乡村精神来描绘冠云的未来；用生产生活质量，用获得感、幸福感、安全感这些实打实的成效来分享乡风文明建设的喜悦。

传承"孝"文化　引领新风尚

——鄢陵县大马镇义女社区移风易俗典型案例

义女社区，不仅有悠久的历史传统和丰富的文化资源，而且还是义姑典范发源地。义女社区总面积4 385平方米，辖3个自然村，户籍人口4 327人。近年来，义女社区紧贴孝善文化群众基础深厚的实际，扎实推进农村移风易俗工作，取得了良好成效，先后获得了河南省文明村镇、河南省民主法治示范村（社区）、河南省卫生村、河南省优秀星级人大代表联络站、全省"扫黄打非"进基层示范点、河南省首批孝德示范社区、河南省优秀志愿服务社区、河南省健康村庄等荣誉。

一、加强宣传教育，转变群众传统观念

充分利用文化广场、文化墙、道德讲堂、宣传橱窗等宣传阵地，广泛宣传移风易俗的目的及重要意义，让群众认识到移风易俗的必要性和重要性。充分尊重群众的主体地位，切实把群众的积极性、主动性调动起来，引

大马镇义女社区重阳节活动

导广大干部群众摒弃陈规陋习，厉行勤俭节约。2014年举办义姑文化节，在文化节注重典型示范引领，通过党员代表、群众代表评比"好公婆""好媳妇""好儿女""好丈夫"等典型案例为引导，对身边人、身边事进行点评、对照，树立道德模范榜样，总结挖掘部分移风易俗的先进典型，对他们的事迹进行大力宣传，形成榜样标杆效应，用身边人、身边事教育群众，铺张浪费现象日益减少。

二、强化制度作用 促进群众移风易俗

坚持把完善村规民约作为加强精神文明建设的一项基础性工作扎实抓好，通过召开村民代表大会、发放倡议书、入户宣传等形式，把禁止大操大办婚丧喜庆事宜纳入村规民约，引导带动广大群众自觉遵守村规民约，不断摒弃不良社会习俗，用制度化的形式引导村民主动转变观念，改正不良思想和陈规陋习，把精力放到增收致富和建设文明和谐的村风家风上。同时，积极发挥各村干部、志愿者、党员同志等引领示范作用，形成了良好风气。

大马镇义女社区推进移风易俗工作

三、开展文化活动，丰富群众精神生活

"百善孝为先"，孝德是中华民族的文化传承，义女社区孝德文化根基深厚，群众尚孝道、重孝德、行孝义，代代相传，生生不息。社区利用义姑文

化节、孝善文化节开展丰富多彩的文化活动，宣传普及移风易俗观念，不断丰富活动内涵。建立文化广场，成立社区自己的舞蹈队、红歌队，积极参加社区每年举办的孝善文化节及义姑文化节文艺汇演活动。

义女社区孝善文化活动之一

义女社区党委顺应时势，在乡风文明建设中，以道德建设为重点，以传统文化传承为突破口，大力弘扬孝德文化，认真挖掘孝德文化内涵，为其不断注入新的内容，为乡村振兴提供坚强的精神文化后盾。从最基本的尊老、敬老、养老，到爱人、爱国，从"小孝"到"大孝"，从"小爱"到"大爱"，从家庭到社会，倡导和睦相处、互帮互助；从生活到工作，倡导举止文明、诚实守信、举孝兴廉、担当责任。这一举措深得民心，增强了情感维系，使在外人员感受到家乡的温情，听得见乡音，记得住乡愁。

义女社区孝善文化活动之二

推动乡村文化振兴，就是要对乡村传统文化进行保护、传承与发展，使其与现代文化有机融合，更好地延续乡村文化血脉。义女社区发挥义姑文化节这个宣传阵地作用，引导广大干部群众摒弃陈规陋习，厉行勤俭节约；引导带动群众自觉遵守村规民约，形成良好风气；以新时代爱老敬老助老活动大力弘扬孝德文化。

移风易俗入民心 古念村焕发新风尚

——南乐县寺庄乡古念村移风易俗典型案例

又到初六日，古念村文化广场上洋溢着一番热闹的景象：大姑娘、小媳妇都在为当日的"饺子宴"忙活，拌馅、擀皮、包饺子，每个人都忙得不亦乐乎；热腾腾的饺子上桌，村里150多位70岁以上老人欢聚一堂，品尝着孝道的滋味和幸福的味道。眼前这一幕正是移风易俗扎根古念村开花结果的表现。

寺庄乡古念村位于河南濮阳市南乐县寺庄乡政府南1公里处，现有村民334户，1 335人，党员61名。近年来，古念村从红白事操办入手，通过倡导"节俭办事、文明理事"，积极推动移风易俗，净化社会风气，树立文明新风，村容村貌发生了可喜的变化，社会风气健康向上，老百姓真正得到实惠。先后被定为市级"一村一品"示范村、市级"文明村"、县级"四美乡村"建设示范村。

一、强化组织领导，夯实工作责任

古念村在移风易俗工作中，充分发挥党支部领导核心作用，结合主题党日、星级创评等活动，制订符合村情民情目标规划、规章制度，规范村民的言行举止。坚持红白事不大操大办，有效遏制了厚葬薄养、人情攀比等铺张浪费行为，减轻人情、宴席、彩礼支出负担，形成勤俭节约的良好风气。积极发挥新时代文明实践站作用，探索文明村建设的有效载体，通过开展好婆婆、好媳妇、文明户等道德模范评选和扭秧歌、戏剧四平调、唱歌等丰富多彩的文艺活动，引导健康向上生活方式，营造移风易俗的浓厚氛围。

二、强化宣传引导，凝聚思想共识

自移风易俗活动开展以来，古念村充分利用文化墙、道德讲堂、大喇叭等形式广泛宣传新事新办、婚丧简办等移风易俗的意义，积极调动群众的主动性，抛弃陈规陋习，厉行勤俭节约。同时注重典型示范引领，利用讲文明、树新风的公益文化墙，积极宣传移风易俗优秀案例，让群众低头看见，抬头感受，自觉做移风易俗的践行者、引领者。近年来，古念村广大乡亲自觉履行村规民约，厉行节约，简办红白喜事，村内在2017年就筹建了孝道文化协会，每月农历初六为孝道日，广大群众将精简红白喜事节省下来的资金作为孝道日活动经费，在广场举办"饺子宴"，邀请老人们聚到一起，吃饺子、话团圆、传家风，移风易俗的文明新风在古念村悄然绽放。在外成功人士李营占从2007年春节开始，每年给70岁以上老人，每人发放慰问金100元，并慰问乡敬老院的老人56人，每人100元。在村内形成孝老、敬老氛围，彰显文明时代的新风尚。

三、完善机制建设，发挥自治作用

积极发挥村民议事会、道德评议会、禁毒禁赌会、红白理事会作用，让德高望重、公道正派的老党员、老干部、老教师参与其中，形成广泛的正面力量，引导喜事新办、丧事简办、健康娱乐、尊师守孝，监督大操大办、聚众赌博等不文明现象。在古念村，红白理事会明确规定喜事不能超过10桌，烟一盒不超过20元，酒一瓶不超过25元，白事一碗大锅菜，烟一盒不超过10元，不戴孝，佩戴白花，火葬，进村公墓不得二次装棺。充分发挥基层治理的主体作用，制订《古念村推动移风易俗实施方案》，进一步引导村民参与基层治理。提升了村级精神文明程度，不断助推乡村振兴。

四、创新积分管理，涵养文明乡风

古念村创新开展积分制管理，着力激发村庄内生动力，整合各方资源，通过"积分兑换"的形式激励村民参与村级事务管理、遵守村规民约、支持村级各项工作，达到了"法治有序、德治有效、自治有力"的初步效果，有效开拓了自治、法治、德治乡村治理新局面。村里设立积分兑换超市，通过与驻村单位、社会团体、群团组织等联动，为积分制工作开展提供了物质保障，按照"1积分等价1元人民币"的标准，对积分兑换超市产品进行"明码标注"，村民、志愿者、无职党员可以根据自己积分数量，在积分超市兑换产品。积分制管理以及《古念村推动移风易俗实施方案》等规范性制度出台，让农村文明新风处处彰显，促进村民主动转变旧观念，引导群众见贤思齐、崇德向善，进一步做实了"里子"，移风易俗处处彰显。

五、党员示范带头，转变群众观念

加强对党员干部操办婚丧嫁娶活动的纪律约束，自觉接受群众和社会监督。村干部从自己做起，带头宣传倡导移风易俗，带头文明节约，办婚丧事，带头火葬。带头文明低碳祭扫，努力把不良风气压下去，把新风正气树起来。2021年10月，党员闫自刚儿子结婚，虽然自己跑运输经济条件较好，但他在开始写喜帖的时候就跟家人商量说定，要新事新办、喜事简办，能不请的就不要请了，一定控制在10桌以下。家人开始不同意，觉得不能丢了面子，彩礼、宴请宾客这些项目是绝对不能少的，在闫自刚的劝说和坚持下，婚宴从开始计划摆19桌，精简到了9桌，婚车也仅安排了6辆，就把婚事办了，不仅减轻了自己的压力，还给大家树立了榜样力量。

时代在进步，文明风尚在发扬。下一步，古念村将继续开展丰富多样的移风易俗活动，倡导大文明，让移风易俗新风浸润每个群众的心田，让"文明之花"开遍村庄。

古念村饺子宴之一

古念村饺子宴之二

乡风文明包括遵纪守法，礼貌待人，讲话文明；勤劳致富、勤俭持家；不好逸恶劳、贪图享乐、铺张浪费；孝老爱亲、夫妻和睦、邻里团结；学习法律法规，增强法制意识；婚事新办、丧事简办、神事不办；崇尚科学，参与文体活动，拒绝"黄赌毒"等。上述六个案例正是紧扣乡风文明建设，崇尚优秀文化、先进风尚，使移风易俗工作与乡村〝强身、铸魂、塑形〞有机衔接。启示有三点：一是凝心聚力抓乡风。由村两委牵头、集体经济组织跟进、广大小农户参与，形成纵向到底、横向到边的全方位抓乡风格局。二是传承文化抓乡风。将优质绿色农产品、优美生态环境、优秀传统文化为乡风文明赋能，促进乡村文化昌盛昌明。三是倡树文明行为抓乡风。引导广大农民时时、事事都能够树文明风尚、走文明之路，成为新一代的文明农民。